Der Stalker im Nacken

Belästigt bedroht verfolgt

Mit freundlicher Unterstützung

AUTONOME PROVINZ BOZEN SÜDTIROL
PROVINCIA AUTONOMA DI BOLZANO ALTO ADIGE
Deutsche Kultur

Lichtenburg Nals und Frauenhaus Meran

2011

Grafik: Athesiaverlag
Druck: Athesiadruck, Bozen
Umschlagfoto: fotolia.de – Fear©Petro Feketa

ISBN 978-88-6011-156-2

www.athesiabuch.it

In diesem Buch sind alle Namen geändert.
Der Verlag übernimmt keine Haftung für den Inhalt dieses Buches.

ULRIKE MAHLKNECHT

DER STALKER IM NACKEN

belästigt

bedroht

VERFOLGT

SPECTRUM

Diese Geschichte basiert auf Tatsachen und schildert mein persönliches, subjektives Empfinden.

Ich habe meine Geschichte veröffentlicht, um aufzuzeigen, wie schnell und unerwartet man selbst zum Opfer werden kann.
Da der Täter in meinem Fall auf freiem Fuß ist, möchte ich zu meinem Schutz anonym bleiben.
Alle Namen und Orte wurden zum Schutz aller Beteiligten und meiner Familie geändert.
Eventuelle Ähnlichkeiten sind rein zufällig.
Ich möchte Frauen helfen, die Muster zu erkennen, die hinter einem Stalkingfall stehen,
damit sie früh genug imstande sind, sich Hilfe zu holen.
Betroffenen Frauen möchte ich mit diesem Buch Mut machen, sich zur Wehr zu setzen, bevor es zu spät ist.

Es gibt inzwischen konkrete Mittel, sich schützen zu lassen, das neue Stalking-Gesetz ist eines davon.

Martina T.

Vorwort

Der Begriff „Stalking“ stammt aus der englischen Jägersprache. Damit wird das willentliche und wiederholte Nachstellen oder Belästigen einer Person bezeichnet. Der Stalker verfolgt, belästigt oder terrorisiert Mitmenschen.
Typische Formen der Belästigung sind ständige Telefonanrufe, Fluten von E-Mails, SMS oder Briefen. Als weitere häufige Verhaltensweisen genannt werden auch der Zwang, sich ständig in der Nähe des Opfers aufzuhalten, einen Kontakt über Dritte herzustellen, vor der Haustüre zu stehen, das Schreiben von Briefen, das Zusenden oder Hinterlassen von Geschenken, das Nachlaufen, Auflauern und Verfolgen mit dem Auto usw. Für die Opfer bedeutet das psychischen Dauerstress, der oft tiefe Spuren hinterlässt. Auch wenn jeder Mensch Opfer von Stalking werden kann und sich Opfer und Täter nicht notwendigerweise kennen müssen, sind doch am häufigsten Personen betroffen, die eine Beziehung oder Ehe mit dem Täter beendet oder einen Beziehungswunsch des Täters zurückgewiesen haben. Aber auch Arbeitskollegen und Nachbarn stellen sich oft als Täter heraus. Die Beobachtungsstelle der italienischen Vereinigung für Psychologie und Kriminologie hat diesbezüglich eine Statistik veröffentlicht, aus der hervorgeht, dass 86 % der Stalkingopfer weiblich sind.

Damit sich Opfer besser vor Übergriffen schützen können, ist es absolut wichtig, ihr Umfeld davon zu informieren und alles genauestens zu dokumentieren. Diesbezüglich muss auch darauf hingewiesen werden, dass vor Einführung der neuen Bestimmungen Polizei und Staatsanwaltschaft aufgrund fehlender gesetzlicher Grundlagen häufig in ihrem Handlungsspielraum eingeschränkt waren und dem Opfer nur bedingt helfen konnten. Durch Einführung des Art. 612bis in das Strafgesetzbuch im Jahr 2009 sind nun endlich die gesetzlichen Rahmenbedingungen geschaffen worden, um gegen die Täter vorgehen und den Opfern eine schnelle Hilfe ermöglichen zu können. Obwohl der Täter durch die gesetzlichen Neuerungen nun auch zu langen Gefängnisstrafen verurteilt werden kann, ist die Straftat "Stalking" trotzdem ein Phänomen, das immer weiter zunimmt, vorwiegend aufgrund des gesteigerten E-Mail-Verkehrs.

Aus einem von Europas im Jahr 2007 veröffentlichtem Bericht geht hervor, dass die Fälle von Bedrohung, Einschüchterung, Belästigung und Verfolgung mittels E-Mail und Chat seit der steigenden Verbreitung des Internets als Kommunikationsplattform stark zugenommen haben. Die Polizei von New York hat hierzu stichprobenartig die Fälle von 1996 bis 2000 untersucht und dabei festgestellt, dass die Täter häufig männlich sind und ein Durchschnittsalter von 25 Jahren aufweisen, die Opfer hingegen in den meisten Fällen weiblich und im Durchschnitt 35 Jahre alt sind. Das am häufigsten verwendete Instrument für die Tat sind E-Mails (80 % der Fälle) – es werden aber auch eigene Webseiten angelegt, die nur dazu dienen, einschüchternde Mitteilungen an das Opfer zu adressieren oder private bzw. persönliche Informationen zu veröffentlichen. In anderen Fällen werden erotische Fotos der Opfer veröffentlicht oder auch Filme online gestellt, die zum Teil sogar gefälscht werden. Häufig handelt es sich dabei um Bildmaterial, das während einer Beziehung entstanden ist. Oftmals weiß das Opfer auch gar nicht, dass es heimlich fotografiert wurde und kennt somit die Bilder gar nicht. Es ist deshalb größte Vorsicht geboten, welche Fotos im Internet ausgetauscht oder auch auf Facebook und anderen Netzwerkplattformen veröffentlicht werden. Fotos, die einmal im Internet kursieren, können nur sehr schwer wieder entfernt werden und es gibt keine Garantie, dass diese Fotos nicht auf irgendeinem Rechner weltweit abgespeichert worden sind und damit jederzeit wieder im Internet veröffentlicht werden können.
Besonders unter jungen Menschen hat Stalking stark zugenommen und die meisten Mädchen und Frauen wissen nicht, wie sie sich dagegen wehren sollen.

Umso mehr Bedeutung kommt diesem Buch zu, welches über einen konkreten Stalkingfall in unserer Nähe berichtet. Ich erachte dieses Buch auch sehr wertvoll, um aufzuzeigen, dass es einen Ausweg aus dieser bedrohlichen Lage gibt und dass es mittlerweile auch Wege und Mittel gibt, das Opfer zu schützen, den Täter auf Abstand zu halten und ihn entsprechend zu bestrafen. Um so wichtiger ist es, die Frauen über ihre Rechte zu informieren und zu ermutigen, sich gegen alle Arten von Angriffen zur Wehr zu setzen und sich zu verteidigen. Auch aus diesem Grund bietet der Landesbeirat für Chancengleichheit allen Frauen in Südtirol einen kostenlosen Rechtsinformationsdienst an, Vormerkungen nimmt das Frauenbüro entgegen.

Ich setze mich gegen Gewalt an Frauen ein, deshalb unterstütze ich dieses Buch!

RA Avv. Ulrike Oberhammer, Landesbeirat für Chancengleichheit für Frauen

Der Frauenhausdienst Meran zum Thema Stalking

Gewalt an Frauen stellt eine Verletzung der Menschenrechte dar und ist somit ein Hindernis in der Entwicklung einer demokratischen Gesellschaft. Frauenrechte dürfen auf keinen Fall unter Verweis auf kulturelle oder traditionelle Gewohnheiten relativiert werden - so die UN-Weltmenschenrechtskonferenz in ihrer Abschlusserklärung 1993 in Wien.
Stalking und jede andere Form von Gewalt darf nicht als „Privatsache" zwischen Mann und Frau, als „Kavaliersdelikt" abgetan und verharmlost oder als „Schicksalsschlag" angenommen werden.

Die ISTAT-Studie, welche im Februar 2007 vorgestellt wurde und für die von Februar bis Oktober 2006 25.000 Frauen im Alter zwischen 16 und 70 Jahren interviewt worden sind, ergab für Italien folgende Daten: Eine von drei Frauen war Opfer von körperlicher Gewalt, ca. eine Million Frauen erfuhr einen Vergewaltigungsversuch. Acht von zehn Frauen erlebten Gewalt zu Hause. In 70 % der Fälle war der Misshandler der Partner oder Ex-Partner; nur 6,2 % erfuhren Gewalt von einem Unbekannten.
18,8 % der Frauen (hochgerechnet 2,077 Millionen) waren Opfer von Stalking, davon widerfuhr 1,139 Millionen Frauen nur Stalking und 937.000 sowohl Stalking als auch physische oder sexuelle Gewalt.
Laut Daten des Innenministeriums und des Ministeriums für Chancengleichheit zum Phänomen waren im Zeitraum 2009-2010 75,5 % der Stalker Männer und 79,3 % der Opfer Frauen.
Alle diese Daten spiegeln die Erfahrungen der Gewaltschutzzentren europaweit und auch des Meraner Frauenhausdienstes wider. Frauen erleben Gewalt im sozialen Nahraum, vor allem im eigenen Heim und insbesondere durch den Partner oder Ex-Partner.

Unabhängig davon, ob Frauen von einem Bekannten oder Unbekannten gestalkt werden, die Folgen sind dieselben. Frauen werden gezwungen ihren Alltag zu ändern, sie wechseln aus Sicherheitsgründen Wohnort und Arbeitsplatz, sie sind einem ständigen Druck und anhaltender Angst ausgesetzt, was für die Frauen neben gesundheitlichen Auswirkungen auch psychologische, soziale und ökonomische Konsequenzen haben kann. Diese Folgen sind auch für die Gesellschaft spürbar. Gewalt verursacht direkte Kosten für das Gesundheitswesen, die Polizei, die Justiz, das Sozialwesen und kann z. B. durch den Arbeitsausfall von Frauen Einbußen für die Ökonomie eines Staates bedeuten. Schaffen es die Frauen, sich dem Gewaltzirkel zu Hause zu entziehen, so sind sie vor weiterer Gewalt nicht geschützt, da in vielen Fällen die Männer beginnen, der Ex-Frau oder Ex-Lebensgefährtin wiederholt nachzustellen – aus Rache oder um die verlorengegangene Beziehung wiederherzustellen, häufig auch aus beiden Gründen. Die Frauen werden mit Mitteilungen oder unerwünschten Kontakten verfolgt und belästigt, sie werden diffamiert oder bedroht. Sie werden in Angst und Schrecken versetzt sowie ihrer Sicherheit beraubt; ihre Selbstachtung, ihre seelische und körperliche Integrität werden zerstört.

Viele Frauen verbleiben oft deshalb in einer von Gewalt geprägten Situation, da sie ahnen, dass sie nach einer Trennung weiterer Gewalt ausgesetzt sein werden, welche unkontrollierbar wird, im Gegensatz zur Gewalt, welche sie zu Hause erfahren und mit der sie jahrelang „gelebt“ haben und die sie deshalb kennen. Gemeinsame Kinder „erleichtern“ es, der Ex-Frau nachzuspionieren. In einem Vortrag auf einer Tagung in Rom am 23.06.2010 anlässlich der Präsentation der Antistalking-Agenda ALBA unterstrich Simonetta Matone (Kabinettschefin des Gleichstellungsministeriums), dass jene Personen, gegen die wegen Stalking Ermittlungen laufen, auch in der Ausübung der elterlichen Gewalt beobachtet werden müssen.
Tatsächlich ist bei getrennten/geschiedenen Frauen mit minderjährigen Kindern die Gefahr immer präsent, dass der Ex-Partner die Ausübung des Sorgerechts so missbrauchen kann, dass gegenüber der Ex-Frau Stalking ausgeübt wird, mit der Ausrede, „es gehe ja nur um die Kinder“.

Durch die Individualisierung der Problematik wird jedoch die gesellschaftspolitische Einbettung des Phänomens von Gewalt an Frauen aus den Augen verloren. Unsere Gesellschaft ist nach wie vor durch eine Machtungleichheit zwischen Mann und Frau gekennzeichnet, durch gesellschaftliche Rollenzuschreibungen, durch die ungleiche Arbeitsteilung und Entlohnung, durch ungleichen Zugang zu Ressourcen, zu Bildung und Führungspositionen sowie zu Macht. Diese Gesellschaftsstruktur hält Frauen in untergeordneten Positionen und ist insgesamt Ausdruck von struktureller Gewalt gegen Frauen.
Verantwortung für die Rolle und das Bild der Frau in der Gesellschaft tragen nicht zuletzt auch die Medien. Die Berichterstattung zur Gewalt an Frauen enthält drei kritische Punkte: Zum einen die Sprache, welche Frauen und ihre Lebensweisen unsichtbar macht und die Dominanz der patriarchalen Werte unterstreicht; zum anderen die verschleiernde Interpretation von Fakten und von Männergewalt in Beziehungen, angefangen bei der Tatsache, dass im Fall von Frauenmord von „tragischer Liebe“ gesprochen wird oder Frauen „aus Liebe getötet“ werden! Unerwähnt bleibt, dass es sich hierbei um eine Verletzung des Grundrechts auf Leben handelt. In den Medien werden kaum statistische Daten zum Phänomen verbreitet, obwohl diese seit Jahren von den Frauenorganisationen, die mit misshandelten Frauen arbeiten, gesammelt werden. Und drittens liegt die Verantwortung der Medien in ihrer Darstellung von Frauen und von Weiblichkeit, denken wir an die sexy Outfits der Moderatorinnen, an die Anwesenheit der „veline“ bei italienischen TV-Sendungen oder an Themen in Zeitschriften, welche vor allem Frauen interessieren sollen (von Push-up-BHs bis hin zum Fettabsaugen).

Stalking ist kein neues Phänomen, aber durch das Gesetz von 2009 wurde es endlich als Straftat deklariert. Dies eröffnet Frauen neue Möglichkeiten, sich zu wehren und gesetzliche Schutzmaßnahmen in Anspruch zu nehmen. Es gibt Auswege. Frauen als Opfer von Stalking können und sollen sich Hilfe und Unterstützung bei den Frauenhauseinrichtungen holen.

Dort finden sie professionelle Beratung, erfahren Solidarität in einem parteilichen Ort, werden in ihrer Handlungskompetenz gefestigt und in ihrem Selbstwertgefühl bestärkt.

Frauen finden zu wenig Platz und Raum (öffentlich und privat), um ihre Sicht der Dinge darzustellen. Opfern von Gewalt muss die Gelegenheit geboten werden, ihre Wahrheit zu erzählen. Das vorliegende Buch ist ein Beispiel dafür, deshalb unterstützen wir es!

Für den Frauenhausdienst Meran
Dr.in Helga Innerhofer
Dr.in Petra Fischnaller

Inhalt

Klingeln in der Nacht

Das Telefon klingelt. Der Blick auf das grüne Ziffernblatt des Weckers verrät mir, dass es 2.57 Uhr ist. Ich bin sofort hellwach.

Die Geräusche im Nebenzimmer lassen mich erahnen, dass sich mein Vater schlaftrunken aufrichtet und nach dem Telefon auf seinem Nachttischchen tastet.

Ich reiße die Augen auf, mein Herz rast. Tausend Gedanken gehen mir durch den Kopf. Wird *er* es wieder sein? Was wird *er* dieses Mal verlangen? Wird *er* schweigen wie so oft?

„Hallo“, meldet sich mein Vater. Ich kann seine müde Stimme ganz deutlich hören. Kurze Pause. „Was willst du von uns?“, schreit mein Vater dann plötzlich energisch. „Lass uns doch endlich in Ruhe, verdammt noch mal!“

Stille.

Ich traue mich kaum zu atmen. Die ganze Welt scheint wieder einmal einzustürzen. Ich weiß, nun sitzt mein Vater wie erstarrt in seinem Bett, den Hörer an sein Ohr gepresst, minutenlang. Oft genug habe ich ihn so gesehen, immer und immer wieder.

Wie oft hat *er* schon angerufen? Keiner hat mitgezählt. Das Telefon klingelt dauernd; morgens, abends, nachts, einfach immer. Es gibt keinen Tag, keine Stunde mehr ohne *seine* Anrufe.

„Warum legst du dich nicht einfach wieder hin? Es hat ja doch alles keinen Sinn.“ Mutlos und still ist meine Bitte an meinen Vater. „*Er* wird uns nie in Ruhe lassen, nicht, bis *er* euch und mich völlig fertiggemacht hat.“

Doch ich weiß, mein Vater sitzt noch immer schweigend im Bett, den Hörer umklammert.

Und irgendwo steht auch *er* in diesem Moment, klein, glatzköpfig und finster blickend, in einer Telefonzelle, einem Raum, irgendwo in Südtirol oder auch nicht in

Südtirol. Das Telefon ist *seine* Waffe und diese Waffe benützt *er* oft. Ich merke erst jetzt, dass Tränen auf mein Kopfkissen fließen. Wütend greife ich nach dem Kissen und presse mein Gesicht hinein. „Warum ich? Warum trifft es genau mich? Was habe ich falsch gemacht? Was will *er* von mir? Wie komme ich aus dieser Geschichte wieder raus?", flüstere ich mit tränenerstickter Stimme. „Ich muss morgen arbeiten, ich brauche endlich Ruhe. Ich kann nicht mehr!"
Doch *ihn* scheint es nicht zu kümmern, dass ich morgen pünktlich ein grafisches Layout für ein Unternehmen abzugeben habe und dass auch meine Eltern wieder ein anstrengender Arbeitstag erwartet. *Er* hält es für *sein* Recht, uns jederzeit anzurufen. *Er* ist der Herrscher über unser Telefon. Alles, was *er* tun muss, ist, zehn Zahlen – unsere Telefonnummer – zu tippen. Dann hat *er* uns genau dort, wo *er* uns haben will – nämlich wieder in *seiner* Gewalt. Wer soll *ihn* stoppen und was kann *ihn* stoppen? Wer wird diesen Mann zur Vernunft bringen können, damit ich endlich in Ruhe weiterleben kann?
Für mich ist klar: Wir können *ihn* nicht stoppen und die Polizei kann es auch nicht. Das Gericht kann es nicht. Ja, ich frage mich sogar, ob *ihn* überhaupt irgendjemand und irgendetwas aufhalten kann – oder überhaupt will.

Ich tauche in unruhige Träume ein.

Der erste Brief

Seit Mitte Dezember 1999 wurde ich beobachtet. Ein Augenpaar folgte mir auf meinem täglichen Nachhauseweg von der Arbeit. Ich bekam nichts davon mit. Jeden Morgen um 6.45 Uhr stieg ich in den Linienbus, der mich von meinem Heimatdorf nach Bozen brachte.

Ich liebte es, in unserem kleinen Ort zu wohnen und zu leben, weitab vom Trubel und Lärm der Stadt; hoch über Bozen auf 1.200 Metern Meereshöhe. In unserer Gemeinde kannte fast jeder jeden, irgendwie hatte hier alles noch seine heile Richtigkeit.

Zur Arbeit musste ich täglich nach Bozen fahren. Das Grafikstudio, in dem ich seit kurzem arbeitete, lag in der Nähe der Bozner Talferwiesen.
Die Mittagspause verbrachte ich meistens alleine in einer nahe gelegenen Bar. Ich ernährte mich von Brötchen und Toast. Ich hatte nach langem Suchen meinen Traumjob gefunden. Ich durfte endlich als Grafikerin in einem richtigen Grafikstudio arbeiten, Ideen entwickeln, kreativ sein, entwerfen und viel Neues dazulernen. Was wollte ich mehr?

Meine Leidenschaften hießen schon immer Farbe und Pinsel. Malkurse, Töpferkurse, Zeichenkurse – nichts hatte ich ausgelassen. Mein beruflicher Werdegang stand für mich schon früh und ganz klar fest: Ich werde Grafikerin!
Und so besuchte ich fünf Jahre die Grafikschule in Brixen. Mit einem guten Abschluss und voll Enthusiasmus trat ich in die hart umkämpfte Arbeitswelt hinaus und fiel auch prompt auf die Schnauze. Obwohl ich sämtliche Grafikstudios und Druckereien, die ich im Telefonbuch fand, abklapperte, stand ich am Ende immer noch ohne Arbeit da.

Wie ein Geschenk des Himmels kam schließlich der Anruf eines Grafikstudios in Bozen, bei dem ich mich bereits Monate zuvor telefonisch vorgestellt hatte. Sie hatten eine Stelle für mich frei! Ich war überglücklich und sprühte vor Tatendrang. Endlich schien einer meiner größten Wünsche in Erfüllung zu gehen.

Die Verbindung von Bozen zurück nach Hause mit den öffentlichen Verkehrsmitteln war für mich nach Feierabend nicht optimal. An eine Heimfahrt mit dem Linienbus war nicht zu denken, da ich eine lange Wartezeit in Kauf hätte nehmen müssen. Glücklicherweise stand mir die Option, mit der Seilbahn zu fahren, offen. Die Fahrt bot mir einen atemberaubenden Blick über die 100.000-Einwohner-Stadt. An der Bergstation angekommen stand direkt ein Kleinbus bereit, der mich und viele andere Passagiere in mein Heimatdorf brachte, wo ich mit meinen Eltern und meinem jüngeren Bruder wohnte.

In den öffentlichen Verkehrsmitteln traf man im Jahr 2000 vor allem Schüler, ältere Menschen und einzelne Pendler an, die es sich nicht leisten konnten oder wollten, mit dem Auto zur Arbeit zu fahren.

Der 20. Jänner 2000 war ein kalter, düsterer Wintertag. Es war ein Donnerstag – ich erinnere mich genau. Morgens um sechs Uhr war es noch stockdunkel. Nicht unbedingt ein Tag, an dem man sich gerne aus dem warmen Bett wälzt.
Seit mehreren Wochen arbeitete ich nun schon für das Grafikstudio in Bozen. Der lange Weg zur Arbeit und abends wieder nach Hause sowie das mehrmalige Umsteigen und Wechseln der Verkehrsmittel wurde allmählich zur Routine.
Es war 18.50 Uhr und bereits dunkel, als ich aus dem Kleinbus stieg. Nur wenige Meter trennten mich noch

von meinem Zuhause, wo meine Familie bereits auf mich wartete, um gemeinsam zu Abend zu essen.
Als ich an jenem Abend aus dem Bus steigen wollte, sagte unser Buschauffeur Franz Reich, den ich von meinen bisherigen Fahrten flüchtig kannte und wie alle anderen „Franzl" nannte, mit einem breiten Grinsen zu mir:

„Warte mal!", und drückte mir einen Brief in die Hand. „Du scheinst einen heimlichen Verehrer zu haben. Ich habe aber versprochen, nicht zu verraten wer er ist." Er zwinkerte mir noch zu, bevor ich aus dem Bus stieg.

Später berichtete Franz Reich der Polizei, dass ihn auf der Fahrt ein kleiner, glatzköpfiger Mann angesprochen hatte, der ihn gefragt hatte, ob er ihm einen Gefallen tun könne. Reich bejahte. Der Mann, der laut Aussage von Reich ein ständiger Benutzer des Kleinbusses war, übergab ihm einen Briefumschlag ohne Anschrift und ohne Absender mit dem Auftrag, ihn mir noch am selben Abend zu übergeben.
Dies war der erste Brief an mich.

Da stand ich nun, völlig perplex. Überrascht betrachtete ich den Briefumschlag. Was sollte denn das jetzt? Gab es einen heimlichen Verehrer? Nein danke, den brauchte ich nicht! Es stand kein Absender drauf.
Ich widmete mich nun intensiv diesem ominösen Brief, drehte und wendete ihn. Es war kein Absender angegeben, wie komisch. Ich ahnte nicht, dass der Brief mein Leben verändern würde.

Ein mulmiges Gefühl machte sich breit. Schließlich siegte meine Neugier. Und so riss ich den Umschlag bereits auf dem Heimweg auf und begann zu lesen. Zeile für Zeile wurde mein Schritt langsamer. Mich fröstelte, es war stockdunkel, meine Gedanken überschlugen sich, während ich das Geschriebene wieder und wieder überflog.

Was sollte das? Ich blieb stehen und schaute mich nochmals um. Keine Menschenseele war weit und breit zu sehen, nur absolute Stille und Dunkelheit. Heute bin ich mir sicher, dass der Verfasser dieses Briefes mich damals verfolgt und mir beim Lesen zugeschaut hatte.

Junge Freundin,
(Entschuldige die vielen Fehler, muß die deutsche Sprache besser lernen)

Manchmal auf der Straße des Lebens kann es geschehen dass man eine Person sieht oder begegnet die wir nicht kennen und die uns trotzdem irgendwie einen besonderen positiven oder negativen Eindruck hinterlässt.

Die Strasse des Lebens ist aber lang und Du wirst viele andere Personen begegnen und kennenlernen die ebenso einen besonderen Eindruck hinterlassen.

Ich wünsche Dir

dass du immer Menschen begegnest in denen Du vertrauen kannst; die Dir Vertrauen schenken

Menschen mit denen Du reden kannst über Deine Freuden und Deine Probleme ohne Angst gegenüber Vorurteile.
Junge Menschen wie Du mit denen Du in Einklang kommst und euch gemeinsam Freude bereiten und erleben könnt.

Ich wünsche Dir immer ein reines Gewissen inneres Selbstvertrauen Stärke und Gelassenheit. So wird Dir niemand etwas hinterlistig vormachen oder vorreden können.

Ich wünsche Dir Deine schöne Jugend zu schätzen und daß Du Dir vorstellst wie viele schöne Momente vor Dir warten.

Ich

wünsche Dir inneren Glauben an die Personen die Dir nahe stehen und an Gott, an seine Worte.

Ich wünsche Dir auch, daß Du immer Du bleibst in jedem Moment, positiven oder negativen und Dich nicht beeindrucken lässt von den vielen Moden und Worte die oberflächlich wirken.

Ich wünsche Dir Freude bei der Arbeit, in das was Du machst, so wird es Dir nicht schwer und langweilig vorkommen.

Und letzendlich wünsche ich Dir, daß Du immer auf Deine innere Stimme hörst, die des Gewissens; Sie wird Dir immer die Wahrheit sagen, was für Dich am besten ist.

Ab und zu in der Ruhe und in der Stille wirst Du sie hören.

Das alles wünsche ich
Dir wirklich vom Herzen.

Marco

Ein merkwürdiger Brief. Ich war inzwischen zu Hause angekommen. Ich starrte verdutzt auf die geschriebenen Zeilen und hatte keine Ahnung, was der Verfasser mir überhaupt sagen wollte. Ich war peinlich berührt. Was hatte das alles mit mir zu tun? Ich las den Brief nochmals und empfand ihn als albernen Scherz. Diese Zeilen können doch niemals für mich bestimmt gewesen sein! Das holprige Deutsch verwirrte und irritierte mich. Hatte ein Kind oder ein Erwachsener den Brief geschrieben?
Der Verfasser erzählte mir von Freunden, Vertrauen, Problemlösungen, Selbstvertrauen, der schönen Jugend, von der inneren Stimme. Nein, der Urheber dieser Zeilen konnte kein Kind sein. Ein Kind befasste sich nicht mit solchen Themen. Ich war so durcheinander, ich wusste gar nicht mehr, was ich mit dem Stück Papier anfangen sollte.
Und wie peinlich! Was sollte Schaffner Franzl bloß von mir denken? Briefe über einen Dritten auszutauschen, das war doch Mittelschulkram! Hatte Franzl den Brief von einem Passagier des Kleinbusses erhalten? Oder war er womöglich selbst der Verfasser des Briefes? Ich entschied mich, den Brief nicht geheim zu halten oder gar wegzuwerfen, auch wenn mir danach zumute war. Ich bin ein Mensch, der über Erlebtes und Gefühle offen spricht, und ich brauchte einen Rat, war neugierig, was andere Menschen zu diesen seltsamen Zeilen zu sagen hatten.

Ich drückte den Brief gleich meinen Eltern in die Hand, meine Mutter las ihn laut vor. Sie schüttelten beide nur den Kopf.
Am nächsten Morgen im Bus zeigte ich ihn auch meinen Freundinnen. Sie rissen ihn mir aus der Hand, lasen ihn laut vor und lachten darüber. Sie kicherten und witzelten und ich kicherte mit. Aber je öfter ich den Inhalt las, desto mulmiger wurde mir zumute. Insgeheim stieg in mir ein ungutes, unsicheres Gefühl hoch – eine böse Vorahnung machte sich breit.

Auch mein Freund Lorenz – mit ihm war ich bereits seit meiner Schulzeit zusammen – nahm den seltsamen Brief nicht so locker hin. „Na, da hast du dir wohl einen Verehrer angelacht“, kommentierte er ironisch und sichtlich irritiert. Er nahm den Brief mit zu sich nach Hause, um ihn nochmals genauer durchzulesen, wie er sich ausdrückte. Ich überließ ihm den Brief ohne weiter darüber nachzudenken. Sollte er damit doch machen, was er wollte. Ich hatte mir nichts vorzuwerfen.

Natürlich war ich neugierig, wer wohl der Absender sein mochte. Ich kannte keinen Marco und ich rätselte noch einige Tage gemeinsam mit meinen Eltern und Freundinnen, wer hinter dem sonderbaren Brief stecken könnte. Schließlich kam ich zur Überzeugung, dass es sich wohl um eine Verwechslung handeln musste. Vielleicht wollte dieser Marco den Brief auch an irgendein beliebiges junges Mädchen schreiben, um ihm *seine* schlauen Lebensweisheiten und Ratschläge mitzuteilen. Es war wohl reiner Zufall, dass *er* an mich geraten war. Der Brief war ja nicht adressiert und es hieß in der Anrede nicht „Liebe Martina“, sondern ganz einfach nur „Junge Freundin“. Also konnte dieser Brief an jede x-beliebige junge Frau gerichtet sein.
„Vergiss es!“ Ich zwang mich, das unangenehme Gefühl, das ich beim Gedanken an diesen Brief hatte, zu verdrängen. Alle anderen hatten ihn ja auch nicht ernst genommen. Warum sollte also ich das tun?

Ich war jung und unerfahren und die Tatsache, dass mir jemand einen etwas seltsamen, aber keineswegs anrüchigen Brief geschrieben hatte, störte mich jeden Tag ein bisschen weniger. Und bald hatte ich den seltsamen Brief vollkommen vergessen und mein Leben nahm wieder seinen gewohnten Lauf.

Wer schreibt solche Briefe?

Es war Mittwoch, der 15. März 2000. Als ich gegen 19 Uhr von der Arbeit nach Hause kam, lag in meinem Zimmer ein Brief. Er war an mich adressiert, die Adresse war vollständig.
Da war sie! Gänsehaut. „Meine Güte! Schon wieder ein Brief an mich“, dachte ich.
„Der Brief ist heute gekommen“, kommentierte meine Mutter kurz, als sie sah, wie ich den Brief fragend in meinen Händen hielt. Ich grübelte, ob ich ihn überhaupt lesen wollte. Schließlich zuckte ich mit den Schultern, öffnete den Umschlag und überflog die Zeilen.

Junge Freundin, *13/3/2000*

Verzeih, wenn ich irgendwie Deine Adresse gefunden habe.
Ich möchte ehrlich und klar sein. Erinnerst Du Dich, hatte Dir davor die paar Zeilen geschrieben;
bin der Marco den Du vom Sehen aus kennst. Ich denke immer so wie damals, nur oft habe ich den Eindruck, Du möchtest mir etwas sagen (Vielleicht ist es ein falscher Eindruck oder Einbildung von mir weil ich Dich gar nicht kenne), aber trotzdem habe ich oft diesen Eindruck.
Du brauchst keine Angst zu haben, ich friss Dich nicht;
Wir sind ja alle Menschen mit unseren Schwächen.
Es gibt Katzen die sich um sich drehen und beißen sich andauernd in den Schwanz; und drehen, und drehen sich immer bis sie blöd werden.
Weißt Du ich habe eine leichte Form von Gehirntumor (zum Glück negativ), und da kann ich mich nicht zu viele Gedanken machen über Sachen die man nicht versteht.
Muß diesen mit positiver Einstellung auskurieren.
Du bist ein junges, hübsches Mädchen hast viele Gelegenheiten vor Dir.

In deinem Alter ist man wie der Frühling der aufblüht, vielleicht müsstest du fröhlicher, offener sein gegenüber den Menschen die Du begegnest.
Sicherlich alle haben wir Probleme, aber aus der inneren Stille, und Gedanken muß man den Mut suchen sie in Worte und Taten umsetzen.
Ich wiederhole wenn Du mir etwas sagen möchtest, brauchst Du keine Angst zu haben.
Ich bin froh dich grüßen zu können, auch wenn ich deutsch oder dialekt (wie man sagt) nicht gut kann, und deshalb lieber schreibe, außerdem bin ich einer der von Natur aus wenig redet.
Sende Dir viele Grüße und alles Gute.
M.

Schon wieder so ein seltsamer Brief! Ohne Zweifel, dieser Brief stammte aus der Feder desselben Absenders wie jener Brief, den mir der Chauffeur Franzl vor eineinhalb Monaten überreicht hatte. „M. - Marco!", schoss es mir durch den Kopf. Schon wieder dieser Name. Aber so sehr ich auch nachdachte, ich konnte diesen Namen niemandem zuordnen.
Meine Mutter riss mich aus meinen Gedanken. „Was steht in dem Brief?", wollte sie wissen. Ich schüttelte den Kopf. „Es ist wieder ein Brief von diesem Unbekannten, der sich Marco nennt", sagte ich langsam. Wortlos streckte sie die Hand nach dem Brief aus und las ihn mit halblauter Stimme.
„Welcher Mensch schreibt denn solch komische Dinge?", fragte sie. Sie sah mich besorgt an, als sie mir den Brief zurückgab. „Das ist sicher nur ein dummer Scherz", beeilte ich mich zu sagen. „Ich kenne keinen Marco, weder hier im Dorf noch in Bozen." Aber an einen Scherz glaubte ich eigentlich nicht! Was passierte hier? Wie sollte ich reagieren? Was wollte der Typ von mir? Ich kannte *ihn* nicht.

Wortlos ging meine Mutter in die Küche zurück, um das Abendessen vorzubereiten. Auch sie wusste nicht, was sie denken oder sagen sollte. Um mich nicht zu beunruhigen, sagte sie erst mal gar nichts. War es ein übler Streich oder eine Verwechslung? Aber mein Name und die Adresse standen völlig korrekt auf dem Briefumschlag. Es war nicht nur ein Zufall, es war Absicht. Das war mir nun mit einem Schlag klar. *Er* hatte mich bewusst ausgewählt. Ein anderes junges Mädchen hätte sich durch die Briefe eines unbekannten Verehrers vielleicht geschmeichelt fühlen können. Doch von diesem Gefühl war ich weit entfernt. Zu seltsam, zu verdreht war der Inhalt der beiden Briefe. Auch war es nicht gerade angenehm, zu wissen, dass ich zwar dem Absender bekannt war, doch selbst überhaupt keine Ahnung hatte, wer *er* war.
Ich begann mein Gedächtnis abermals zu durchforsten. So sehr ich auch nachdachte, ich kannte keinen Marco. Oder war Marco vielleicht nur ein Deckname, hinter dem *er* sich versteckte? Ich kam tagelang aus dem Grübeln nicht mehr heraus. Es war ein unbehagliches Gefühl, nicht zu wissen, mit wem ich es zu tun hatte.

Die einfachste Lösung wäre gewesen, den Franzl zu fragen, wer ihm vor eineinhalb Monaten den ersten Brief übergeben hatte. Aber ich war jung und unerfahren und es war mir zu peinlich, ihn darauf anzusprechen. Ich wollte auf keinen Fall den Eindruck erwecken, dass ich ein etwaiges Interesse an dem unbekannten Briefeschreiber hätte. Oder war es doch der Busfahrer selbst …? Diesen Gedanken, der mir schon beim Erhalt des ersten Briefes durch den Kopf gegangen war, wischte ich beiseite. Nein, niemals! Das passte überhaupt nicht zu diesem freundlichen, langjährigen Bediensteten. Ich stellte mir vor, wie ich auf der Nachhausefahrt zu Franzl hinging und ihn einfach fragte: „Franzl, hast du mir den Brief geschrieben?“ oder „Franzl, sitzt der Verfasser des Briefes zufällig hier im Kleinbus?“

Tausendmal drehte ich abends im Bett den Satz hin und her. Ich wollte Franzl nicht in Verlegenheit bringen. Daher fragte ich nicht. „So wichtig sind die Briefe ja auch wieder nicht“, dachte ich.
Es schien mir aber sehr wahrscheinlich, dass der Unbekannte ein regelmäßiger Benutzer der Seilbahn oder des Kleinbusses war. Doch hier stieß ich an Grenzen, als ich darüber nachdachte. Es gab nur zwei mir nicht bekannte Männer, die täglich mit dem Kleinbus bis zur Endstation fuhren. Beiden traute ich solche Briefe nicht zu. Der eine schien geistig zurückgeblieben zu sein. Er sprach zwar gebrochen deutsch, aber er war gewiss nicht imstande, selbst einen Brief zu schreiben. Der andere war wohl ein Italiener. Aber sicher war ich mir nicht, denn er sprach während der ganzen Fahrt nie mit anderen Passagieren. Er hatte eine ganz eigentümliche Macke: Er drängte immer als erster aus dem Kleinbus; kaum, dass dieser zum Stehen gekommen war, sprang er schon hinaus. Darüber schüttelte so mancher Passagier den Kopf, ich eingeschlossen.
„Ein komischer Kauz“, meinte eines Abends auch der Busfahrer Franz Reich, der ihn täglich beobachten konnte. Im Nachhinein habe ich mich oft gefragt, ob sein Kommentar ein versteckter Hinweis an mich oder einfach nur eine Feststellung war. Er hatte ja Recht, der Mann war ein komischer Kauz – sehr eigenartig.

Ich las den Brief immer und immer wieder und jedes Mal glaubte ich mehr, dass der Unbekannte gar nicht die Seilbahn und den Kleinbus benutzte. *„Ich bin froh dich grüßen zu können …“* Schwarz auf weiß stand das in dem Brief. Aber mich grüßte auf der Fahrt nach Bozen und wieder zurück doch kein Mann! Mich grüßte auch während der Arbeit niemand, abgesehen natürlich von meinem Chef und meinem Arbeitskollegen sowie den Kunden, die ins Büro kamen. Konnte es denn ein Kunde sein? Oder der Hausmeister des Kondominiums, in dem sich

unser Studio befand? Der Betreiber der Bar, in der ich zu Mittag aß? Er grüßte mich zwar jedes Mal sehr freundlich, wenn ich das Lokal betrat, aber ob er der Briefeschreiber sein konnte? Nein, warum sollte er! Und wenn ja, wie sollte dann Franzl am Bahnhof dazu kommen, mir einen der Briefe persönlich zu überreichen? Unrealistisch. Je länger ich nachdachte, desto mehr machten sich in mir Anzeichen von Angst und Unsicherheit breit. Südtirol ist ein sehr ruhiges, friedliches Land. Nur alle paar Jahre gibt es hier ein schweres Gewaltverbrechen, Derartiges kommt eher selten vor. Und trotzdem war es ein eigenartiges Gefühl, zu wissen, dass mir jemand nachstellte. Wo war *er*? Wer war *er*? Meinte *er* die Dinge ernst, die *er* mir schrieb? Was für ein Problem hatte der Typ mit mir? Ich war doch völlig unscheinbar mit meinen 19 Jahren. Wie kam der gerade auf mich?
Ich begann jede mögliche Verbindung zwischen mir und dem Briefeschreiber zu suchen. Bald wurde mir klar: Es konnte nur eine geben und diese war der Nachhauseweg. Ich musste dort nach *ihm* suchen.
Trotz allem konnte ich mich immer noch nicht überwinden, den Busfahrer Franzl auf den Brief anzusprechen. Irgendwie hoffte ich, dass sich das „Brief-Problem" ganz von allein erledigen würde.

Später erfuhr ich, dass alle bereits beim Durchlesen der beiden Briefe ein mulmiges Gefühl beschlichen hatte. „Die Briefe klingen so komisch ...", so der zurückhaltende Tenor, aber keiner wollte mich beunruhigen.

Der erste Anruf

Nach dem zweiten Brief verging genau ein Tag, bis das Telefon zum ersten Mal klingelte. Ich hatte mich abends gerade an den Esstisch gesetzt. Mit gesundem Appetit, nach einem langen Arbeitstag und Toast zu Mittag, schmeckte das Essen meiner Mutter besonders köstlich.
Mein Vater seufzte, als er das Klingeln hörte. „Ausgerechnet beim Essen!"
„Ist wahrscheinlich für mich, ich erwarte einen Anruf von Maria", stieß ich während des Kauens hervor und sprang auf. Maria war eine gute Freundin. Sie wollte mich an jenem Tag anrufen. Im Flur wartete ich noch einige Sekunden, bis ich alles hinuntergeschluckt hatte. Dann nahm ich den Hörer ab.
„Hallo Martina", sagte eine unbekannte männliche Stimme. Oh Schreck! Mir blieb fast das Herz stehen. Ich wusste sofort, wer am anderen Ende der Leitung mit mir sprach. Es war der Unbekannte, der Unbekannte, der die beiden Briefe geschrieben hatte. Marco! Mich schauderte. „Oh mein Gott! Und jetzt? Was jetzt?", schoss es mir durch den Kopf.
Bevor ich irgendeinen Ton herausbrachte, sprach die Stimme bereits weiter. „Ich möchte mich für die beiden Briefe entschuldigen und verspreche dir, dass ich dich heute zum ersten und letzten Mal anrufe."
Mich erfasste sofort eine tiefe Abneigung gegen diese Stimme, obwohl ich den Grund dafür damals nicht hätte erklären können. Mein Herz raste. Während *er* sprach, stand ich wie versteinert da und hielt den Atem an, um ja kein Wort zu überhören.
„Ich bin 27 Jahre alt und ein ehemaliger Carabiniere. Wie du schon aus meinen Briefen weißt, habe ich einen Gehirntumor." Kurze Pause. „Ich suche jemanden, mit dem ich darüber sprechen kann, und ich glaube, dass du die geeignete Person sein könntest." Wieder eine Pause. „Hallo?"

Meine Kehle war wie zugeschnürt. Mein Kopf war leer. Was sollte ich antworten? Ich schwieg und wünschte mich inbrünstig an den friedlichen Esstisch zu meiner Familie zurück. Warum musste ich hier im kalten Korridor stehen und mit dieser Person am Telefon sprechen, obwohl ich das gar nicht wollte?
„Wer sind Sie?“ Ich atmete tief durch. Meine Stimme versagte und Tränen stiegen mir in die Augen. „Warum glauben Sie, dass ausgerechnet ich diese Person sein soll, die Ihnen helfen kann?“, brachte ich schließlich mit gepresster Stimme hervor. „Warum suchen Sie genau bei mir diese Freundschaft, von der Sie in Ihren Briefen schreiben? Wie kann ich Ihnen helfen, wenn ich gar nicht weiß, wer Sie sind? Was wollen Sie von mir?“ Meine Stimme wurde ungewollt energisch und lauter. Als ich den letzten Satz ausgesprochen hatte, erschrak ich über mich selbst. Hoffentlich fasste der unbekannte Anrufer dies nicht als Ermutigung oder Angebot auf!
„Ich kann es dir nicht erklären. Dazu spreche ich zu wenig Deutsch“, war *seine* Antwort.
„Wie bitte? Zu wenig Deutsch? Du Arschloch! Aber Deutsch schreiben kannst du!“, wollte ich sagen, tat es aber nicht.
Der seltsame Anrufer schien die deutsche Sprache einwandfrei zu beherrschen, auch wenn ich einen leichten italienischen Akzent bemerkte. „Dann sagen Sie es mir doch auf Italienisch, wenn Ihnen das leichter fällt“, motzte ich *ihn* an. Ich war selbst überrascht über mein schroffes Auftreten. Das war sonst überhaupt nicht meine Art. Ich stand stocksteif da, fühlte mich aber wie in mir zusammengefallen. Vergeblich presste ich den Hörer an mein Ohr. Es folgte keine Antwort. „Der Typ soll reden oder ich flippe gleich aus! Ich habe keine Lust auf diese Spielchen. Sag was!“, befahl ich mir in Gedanken. „Bring ihn zum Reden!“
„Woher haben Sie meine Adresse und meine Telefonnummer?“, wollte ich wissen. Der Anrufer schien seine

Sprache wiedergefunden zu haben. „Die habe ich von der Gemeinde“, sagte *er*.
Mein Gehirn arbeitete fieberhaft. Würde das Gemeindeamt wirklich die Daten der Einwohner auf eine einfache Anfrage eines Unbekannten hin weitergeben? Oder hatte *er* das Telefonbuch benutzt? Oder ... war *er* mir einfach auf dem Nachhauseweg gefolgt und hatte so meine Adresse herausgefunden? Dies wäre schließlich kein sonderlich schwieriges Unterfangen gewesen. Tausend Fragen. Aber ich fand keine Antwort.
Noch während ich meine Gedanken zu ordnen versuchte, verriet *er* mir ein wichtiges Detail, das ich sofort speicherte: „Ich bin jeden Tag im Kleinbus und trage eine braune Jacke. Wir kennen uns, Martina!“
„Das kann nicht sein! Verdammt! Wer ist der Typ? Denk nach!“ Sofort sah ich im Geiste eine braune Lederjacke vor mir, schäbig und abgestoßen, passend zu diesem seltsamen Anrufer. Aber es blieb ein großes Fragezeichen im Raum stehen. Der Knoten in meinem Hals schnürte mir die Kehle zu. „Du musst ihn loswerden!“, befahl mir mein Gehirn. Ich zitterte am ganzen Körper. Ich wollte einfach nur noch zu meiner Familie in die Küche zurück. Beim Gedanken daran überkam mich eine unsagbare Wut und ich schrie ins Telefon: „Lassen Sie mich in Frieden! Ich kenne Sie nicht und ich kann Ihnen nicht helfen! Suchen Sie sich andere Freunde!“
Mir war heiß und kalt und ich zitterte. Meine Knie wollten nachgeben und ich war wütend und ängstlich zugleich. Es war raus, endlich! Ich fühlte mich so hilflos und ausgeliefert, wollte ungehemmt losheulen und doch auf keinen Fall Schwäche zeigen. Ich schwieg – für eine Sekunde, um dann wieder ins Telefon zu fauchen: „Falls Sie etwas von mir wollen, dann sagen Sie es jetzt, sofort! Ansonsten lassen Sie mich bitte in Ruhe!“ Warum ich noch den Anstand hatte, ein höfliches „Bitte“ herauszubringen? Keine Ahnung. Ich dachte wohl einfach, ich müsste so nett wie möglich zu *ihm* sein, um *ihn* nicht zu

verärgern, auch wenn ich mit Sicherheit nicht mehr nett klang.
Nach diesem Wutausbruch lauschte ich ins Telefon. Nichts. Ich hörte nichts. Ich hatte dieses Katz- und Mausspiel mit Briefen und Anrufen satt – und dabei hatte es noch gar nicht richtig angefangen. Aber das wusste ich zu diesem Zeitpunkt noch nicht.

Aufmerksam geworden durch die eigenartige Diskussion und meine lauten Worte betrat mein Vater den Korridor und nahm mir mit einem „Was ist hier los?“ den Telefonhörer aus der Hand.
„Hallo, wer spricht da?“, fragte er scharf. Nach ein paar Sekunden legte er schweigend den Telefonhörer auf die Gabel und sah mich fragend an. „Aufgelegt. Wer war denn das?“
„Das war der Briefeschreiber“, sagte ich leise. Ich schlotterte am ganzen Körper. Meine Gedanken kreisten wie wild im Kopf: War das gerade wirklich geschehen?

Der Appetit war mir in der Zwischenzeit gründlich vergangen. Ich ging die Treppe hoch und schloss sachte die Tür meines Zimmers hinter mir. Ich musste alleine sein. Ich wollte nicht heulen. “Sei stark!“, sagte ich zu mir selber und doch kullerten die Tränen. Ich fing an zu zweifeln, ob es sich bei diesem Anruf und den Briefen wirklich nur um einen Scherz handelte. Denn für einen Scherz hatte sich der Unbekannte bereits zu viel Mühe gemacht. Und *er* hatte sich – so glaubte ich – nun zu erkennen gegeben. *Er* hatte *sein* Alter und *seinen* Beruf genannt. 27 Jahre, Carabiniere. Und *er* hatte davon gesprochen, dass *er* jeden Tag, mit einer braunen Jacke bekleidet, im Kleinbus wäre.
Darauf würde ich nun achten, und zwar gleich morgen Abend auf dem Nachhauseweg! Ich wollte endlich wissen, was es mit diesen Briefen und diesem Anruf auf sich hatte. Ich konnte den nächsten Abend kaum erwarten.

Ich wollte sofort wissen, wer dieser Typ war und was *er* von mir wollte. Ich würde *ihn* gleich morgen tapfer zur Rede stellen und alles würde wieder werden wie vorher. Ich würde *ihm* sagen, dass *er* mich in Ruhe lassen sollte, dass *er* sich andere Freunde suchen sollte und dass ich *seine* Ratschläge nicht brauchte. *Er* sollte mich in Frieden lassen! Ja das würde ich *ihm* sagen, wenn ich *ihn* treffen würde! In jenem Moment ahnte ich noch nicht, dass alles, was bis zu diesem Zeitpunkt, bis zum 16. März 2000, geschehen war, noch harmlos war im Vergleich zu dem, was nun folgte.

Das Inferno beginnt

Niemals mehr würde ich so unbekümmert wie bisher die öffentlichen Verkehrsmittel benutzen. Das war mir in dem Moment klar, als ich am darauffolgenden Abend aus der Seilbahn stieg und nervös an der Bushaltestelle stand und auf den Kleinbus wartete. Bisher war mir kein Verdächtiger aufgefallen. Ich beäugte heimlich alle Männer, die ebenfalls darauf warteten, in den Kleinbus einzusteigen.

In der Seilbahn hatte niemand so recht auf die Beschreibung des Anrufers gepasst. Eine innere Unruhe hatte mich überfallen, die mich – so wusste ich – bis zur Endstation begleiten würde. Ich schaute ständig nach links und nach rechts, vorsichtig und heimlich, damit sich bloß niemand beobachtet oder ertappt fühlte. Ich hatte ein ungutes Gefühl, ein Gefühl der Unsicherheit und der Unbeholfenheit. Ich fühlte mich meinem Schicksal völlig ausgeliefert.

Ich suchte die braune Jacke, von der *er* am Telefon gesprochen hatte. Filterte die Männer heraus, die überhaupt nicht in Frage kamen. Ich fragte mich, ob *er* mir gerade zuschaute. „Was wird er gerade denken? Ist er überhaupt da?“ Mir war so unbehaglich zumute, die Zeit schien stehen geblieben zu sein. Gott sei Dank hatte ich bereits am Tag zuvor meine Mutter gebeten, an der Endstation um 18.50 Uhr auf mich zu warten. Dieser Gedanke beruhigte mich.

Manchmal nahm auch Maria, eine meiner Freundinnen, den gleichen Kleinbus wie ich. Ihr Freund holte uns an der Endstation mit dem Auto ab und brachte mich die letzten paar Meter nach Hause. Zufällig war Maria heute auch dabei, sie kam gerade angelaufen, als der Bus anhielt. Ich hatte ihr bereits am Abend zuvor am Telefon vom komischen Anruf erzählt. Auch von Marco F.s Briefen wusste sie. „Und?“, fragte sie und schaute sich um. „Niemand der auf die Beschreibung passt!“, erwiderte ich.

Nur sehr wenige Männer fuhren bis zur Endstation. Der Kleinbus hielt an den verschiedenen Haltestellen, ein Passagier nach dem anderen verschwand in die Kälte und die Dunkelheit hinaus. Maria und ich beobachteten genau, wer ein- und ausstieg und wer an den Haltestellen stand. Am Ende blieben nur noch zwei männliche Passagiere übrig und als ich die braune Jacke sah, stockte mir das Blut in den Adern. Auf einen Schlag wusste ich, wer der unheimliche Briefeschreiber und Anrufer war. Ich war entsetzt.
Was sollte ich jetzt machen? Ich war wie erstarrt. Hatte *er* bemerkt, dass ich *ihn* erkannt hatte? Sollte ich *ihn* ansehen oder nicht? Ich senkte meinen Blick. Es war, als tauchte ich in eiskaltes Wasser. Mir wurde schwummerig und meine Knie zitterten. Ich fühlte mich wie unter Wasser gezogen. Heimlich gab ich Maria ein Zeichen und sie verstand sofort. Zum Glück war sie da. Für heute hatte ich eine Stütze. Mir war schlecht, Übelkeit überkam mich.

Er war klein, hatte ein fahles grau-bleiches Gesicht und ging seltsam gebückt. Ich schätzte *ihn* auf Mitte 40. *Er* hatte eine ausgeprägte Glatze. Die wenigen verbliebenen Haare waren dunkel, fast schwarz. *Sein* Blick war finster und fast immer auf den Boden gerichtet. *Er* sprach mit niemandem und sprang vor allen anderen aus dem Kleinbus. Dies wohl, um sich genügend Zeit zu verschaffen und zu *seinem* Versteck zu eilen, von dem aus *er* mich ungestört beobachten konnte. Die braune Jacke hatte *ihn* verraten – *er* war der komische Kauz, wie *ihn* Franzl nannte. Alles passte zusammen. *Er* musste der Unbekannte sein.

Mein Herz pochte wild; leichter Schwindel überkam mich, als ich *ihn* trotz gesenktem Blick heimlich beobachtete. *Er* schaute nicht in meine Richtung, aber insgeheim war ich davon überzeugt, dass *er* wusste, dass ich *ihn* erkannt hatte. Ich traute mich nicht mehr aufzusehen. Maria und ich flüsterten, sie zog ihr Handy aus der Tasche

und schrieb ihrem Freund Willi eine Kurzmitteilung, er solle uns auf jeden Fall an der Endstation abholen.
Als der Kleinbus anhielt, spürte ich große Erleichterung, weil meine Mutter bereits auf mich wartete. Marias Freund stand neben ihr. „Mama, es muss einer der beiden Männer sein, die gerade weggehen! Ich fahre mit Maria und Willi im Auto mit. Wir verfolgen den einen Mann dort." Damit deutete ich auf den kleinen Mann in der braunen Jacke mit der finsteren Miene. *Er* war fast schon in der Dunkelheit verschwunden. „Folge du dem anderen Mann! Für den Fall, dass ich mich geirrt haben sollte."
Für weitere Erklärungen blieb keine Zeit. Meine Mutter verstand sofort und hängte sich an die Fersen des zweiten verbliebenen männlichen Passagiers. Ich sah, wie sich dieser mehrmals nervös umdrehte und seinen Schritt beschleunigte. Er fühlte sich wohl verfolgt. Trotzdem konnte er mir nicht leidtun, ich wollte keinen Tag länger in dieser Ungewissheit leben. Ich musste jetzt wissen, wer der „Täter" war.
Ich wusste, meine Mutter hatte ihr Handy bei sich. Im Jahr 2000 waren Handys hierzulande noch nicht unbedingt selbstverständlich. Aber aus Sorge um unsere Sicherheit hatten sich meine Eltern und ich Handys gekauft und wir trugen sie immer bei uns. So konnte ich meine Mutter jederzeit erreichen und sie bitten mich abzuholen, damit ich nicht alleine nach Hause gehen musste.

Der Weg von der Haltestelle des Kleinbusses bis zu unserem Wohnhaus war nicht weit. Es waren nur wenige Minuten Fußweg, aber die hatten es in sich. Vor allem im Winter, wenn es bereits um 17 Uhr dunkel wurde. Ich musste an einem Spielplatz, der in völliger Dunkelheit lag, vorbeigehen. Die hohen, finsteren Bäume und Büsche zwischen Spielplatz und Gehweg verdeckten die Sicht. Ich traute mich nie nach links in Richtung Spielplatz zu schauen und ging immer schnurstracks und eilig daran vorbei. Ich kam anschließend auf die viel befahrene

Hauptstraße, zu einem Gasthaus. Immer wenn ich diesen Punkt erreicht hatte, war ich erleichtert, denn dann war die Straße beleuchtet und es waren nur mehr wenige Schritte bis nach Hause. Seit diesen Briefen und dem Anruf fühlte ich mich ständig beobachtet. Ich spürte, dass jemand da war, aber sehen konnte ich niemanden. Ständig fragte ich mich, ob *er* hinter einem der Büsche auf mich wartete oder ob *er* sogar unbeobachtet neben mir herging. Was, wenn *er* plötzlich auftauchen und mir den Weg versperren sollte? Wo sollte ich hinlaufen? Konnte ich dann überhaupt noch laufen oder würde die Angst mich lähmen?

Ich erinnerte mich, wie ich als Fünfzehnjährige in der Nacht von Samstag auf Sonntag diesen Weg stets um Mitternacht gegangen war. Während meine Freundinnen nach dem Besuch der Diskothek von ihren Vätern abgeholt wurden, machte ich bedenkenlos diese paar Schritte nach Hause. Alleine. Ich hatte mich sicher gefühlt.
Dieses Gefühl der Sicherheit von damals war dank Marco F. vorbei. Ich wagte nicht daran zu denken, was *er* mit mir machen würde, wenn *er* mich erwischen würde. Eigentlich schien es lächerlich, denn was jagte mir eine solche Heidenangst ein? Die beiden Briefe und der Telefonanruf? Aber ich spürte einfach, dass da mehr dahintersteckte. Daher war ich jeden Tag auf der Hut. Alle meine Sinne waren ständig in höchster Alarmbereitschaft. Ich hörte jedes Rascheln im Gebüsch und jeden Ast, der knackte. Ich lauschte ständig, ob ich Schritte hörte. Ich erschrak, wenn ein Vogel aufflog. Ich war immer im Laufschritt unterwegs, ständig auf der Flucht und wich oft sogar vor meinem eigenen Schatten erschrocken zurück. Die Angst, die mich ständig begleitete, nahm mir den Atem.

Aufgeregt bat ich Marias Freund Willi, den kleinen Mann mit der braunen Jacke zu verfolgen. Willi kannte die Geschichte mit den beiden Briefen und dem Anruf bereits

und reagierte sofort. Nun erwies es sich als günstig, dass ich meine besten Freunde in diese ungute Geschichte, die sich in meinem Leben anbahnte, bereits eingeweiht hatte. Immer klarer setzte sich in meinem Kopf das Bild jenes Mannes zusammen, der mich mit Briefen und Anrufen belästigte. Die braune Jacke hatte *ihn* verraten und die Geschichte vom 27-jährigen Carabiniere hatte ich *ihm* schon am Telefon nicht abgenommen.
Eilig kramte ich mein Handy aus der Handtasche hervor und rief meine Mutter an. „Du, ich bin mir ziemlich sicher, dass der Mann, den meine Freunde und ich verfolgen, derjenige ist, den wir suchen. Du kannst den anderen gehen lassen. Komm nach Hause, ich bin auch gleich dort." Ihre Antwort war sehr knapp: „Okay, ich komme zu euch!"

Bald darauf fuhren wir in Willis auffälligem Auto, einem neuen Peugeot, am Haus meiner Familie vorbei. Marias Freund bremste, drehte sich kurz zu mir um und musterte mich besorgt. „Willst du hier aussteigen? Wir folgen dem Typen weiter mit dem Auto und kommen anschließend noch mal bei euch vorbei."
„Okay, lass mich raus!", sagte ich aufgeregt. Für heute hatte ich wahrlich genug. Ich ahnte nun, wer mein Verfolger war. Ich sprang aus dem Auto und verabschiedete mich kurz, bevor ich eilig die Straße zum Haus hinunterlief, die Haustür aufschloss und hineinstürmte. Ich war wie ferngesteuert. Alles an mir funktionierte nur noch mechanisch. „Hoffentlich kommt Mutter so schnell wie möglich zurück", dachte ich, bevor ich von der Kälte und Dunkelheit in unser warmes Haus huschte. Ich hörte noch, wie Willi den Wagen erneut startete.
Die beiden hatten den kleinen Mann bald eingeholt, der wohl bemerkt hatte, dass *er* das Ziel der Verfolgung war, und immer schneller Richtung Dorfzentrum lief.

Dass *er* in eine Falle geraten war, merkte *er* erst, als das Auto langsam neben *ihm* herfuhr, plötzlich anhielt und das Fenster heruntergekurbelt wurde.

„Sind Sie Marco F.?“, fragte Willi höflich. Er fragte sich, wie der Mann reagieren würde. Später gab er zu, dass er damals gar nicht so tapfer gewesen war, wie er den Eindruck vermitteln wollte. Der Mann antwortete nicht.

„Sind Sie Marco F.?“, fragte Willi noch einmal mit Nachdruck.

„Warum willst du das wissen?“, kam kurz angebunden und in italienischer Sprache die Antwort.

„Kennen Sie eine Martina T.?“ Willi ließ trotz seiner Angst nicht locker.

Nun reagierte der Mann nervös. „Steig aus dem Auto, dann zeig ich dir, was ich von deinen blöden Fragen halte! Willst du Schläge?“, schrie der Mann. „Was mischst du dich in Dinge ein, die dich nichts angehen?!“

Willi verlor den Mut, war er doch damals selbst noch blutjung. Er wusste nicht mehr, was er machen sollte. Als er den unbändigen Zorn des Mannes bemerkte, setzte er seinen Wagen zurück und fuhr eilig wieder zu unserem Haus.

Mittlerweile war auch meine Mutter zu Hause angekommen. Sie war sichtlich nervös und sehr blass. Ich sah ihre erleichterte Miene, als sie mich im Haus antraf. Meinen Vater hatte ich bereits aufgeregt in die Geschehnisse des Abends eingeweiht.

„Willi und Maria sind dem Mann mit der braunen Jacke gefolgt!“, sprudelte es aus mir heraus. „Er ist Richtung Dorfzentrum gelaufen.“

Die Stimmung war zum Zerreißen gespannt. Man spürte es brodeln. Eine unheimliche Spannung war im Raum.

„Dann gehen wir beide jetzt auch ins Zentrum zu Maria und Willi, sicher ist sicher“, bestimmte meine Mutter. So sehr es mir widerstrebte, wusste ich doch, dass das die beste Entscheidung war. Also verließen wir wieder das

Haus und eilten im Laufschritt Richtung Dorfzentrum. Eines war mir klar: Ohne meine Mutter hätte ich keinen Schritt mehr vor die Tür gesetzt.

Es war, als würde ein Film abgespielt, aber ich konnte ihn nicht vorspulen, um zu sehen, was passieren würde. Ich stand völlig neben mir, unzählige unsortierte Gedanken, die sich überschlugen, schossen mir durch den Kopf. Auf halbem Weg ins Dorfzentrum sahen wir bereits Willis Auto auf uns zukommen; es stoppte neben uns.
„Das ist Marco F. Der kranke Typ hat gedroht mich zu verprügeln", sagte Willi aufgelöst. Sein Gesicht strahlte helle Empörung aus, er atmete aufgeregt und war kreidebleich. Maria saß eingeschüchtert auf dem Beifahrersitz, nickte nur und sagte kein Wort.
„Da kommt er wieder!", schrie ich aufgeregt und packte sogleich den Arm meiner Mutter, um fortzulaufen. „Oh nein! Er kommt zurück, Mama!"
Tatsächlich, Marco F. kam in unsere Richtung. *Seine* Miene war noch finsterer als gewöhnlich, *seine* Lippen bewegten sich und *er* kam bedrohlich schnell auf uns zu. Führte *er* Selbstgespräche? Ich hatte Angst.
„Willi, bring Martina heim!", befahl meine Mutter, riss die Autotür auf und schubste mich ins Innere des Wagens. „Ich werde ihn mir vorknöpfen. Ich muss wissen, was er von meiner Tochter will!"
Ich blickte meine Mutter beunruhigt an, aber der Ton in ihrer Stimme ließ keinen Widerspruch zu. Ich saß verdattert und völlig verstört auf der Rückbank des Wagens und Willi fuhr rasch die paar Meter zu unserem Haus zurück. Ich presste meine Hände auf mein Gesicht, um einen Augenblick Klarheit zu bekommen. Das konnte nicht gut gehen, was sollte jetzt passieren? Meine Mama – sie brauchte Hilfe! Kaum hielt Willi an, sprang ich schon aus dem Wagen und rief meinem Vater, der wartend in der Tür stand, entgegen: „Schnell! Mama ist mit diesem Marco F. auf der Hauptstraße allein. Lauf zu ihr!"

Ich trat von einem Bein auf das andere, fuchtelte mit den Händen, ich biss mir auf die Lippen und die Tränen schossen mir in die Augen. Aber ich wollte nicht weinen. Das durfte doch alles nicht wahr sein. Was geschah mit uns? Ich fühlte mich schrecklich hilflos und unendlich wütend zugleich. Am liebsten wäre ich zu diesem Typen hingegangen und hätte *ihm* eine gescheuert, erst links dann rechts, damit *er* aufwachte und aufhörte, damit *er* verstand, was *er* gerade mit uns machte. Ich war vor dem Durchdrehen! Willi suchte schnellstens das Weite, bevor Marco F. ihn noch einmal erwischen konnte, auch ihm war das alles nicht mehr geheuer.
Ich hörte von weitem die Stimme meiner Mutter, wie sie eindringlich auf Marco F. einredete und *ihn* bat, mich von nun an in Ruhe zu lassen. Wir alle würden den Vorfall vergessen, wenn er ab sofort aufhören würde mich zu verfolgen. Mein Vater, der zu den beiden hineilte, fragte Marco F. immer wieder, was er denn von mir wolle, dass er endlich sagen solle, was er beabsichtige. Die Stimmen wurden lauter und lauter, sie kamen näher und alle drei gestikulierten wie wild.

Als ich die lauten, aufgeregten Stimmen und den Streit hörte, war mir klar, dass Marco F. nicht nachgeben würde. Ich hatte Angst, dass die Situation auf der Straße eskalieren könnte. Hastig suchte ich unser kleines Telefonbüchlein mit den für uns wichtigen Nummern heraus und wählte mit zittrigen Fingern die Nummer eines Bekannten. „Bitte geh ran", flehte ich inständig und klopfte nervös auf dem Telefon herum. Ich wippte hin und her, so wie man ein kleines Baby wiegt, damit es zur Ruhe kommt. „Ich werde verrückt!", schoss es mir durch den Kopf. Der Bekannte, den ich anrief, war Kommissar bei der Quästur (Polizeikommissariat) in Bozen, er würde uns sicher helfen können.
Mir schien, als wäre mein Leben urplötzlich aus den Fugen geraten. Bisher war ich nur eine unbeschwerte Neun-

zehnjährige gewesen und tat seit zwei Monaten nichts anderes als täglich zur Arbeit zu gehen, um im Berufsleben Fuß zu fassen. Plötzlich erschien da jemand in meinem Leben, der mir Briefe schrieb, der anrief und mir Lügen über sein Leben erzählte – mich verfolgte.

In Sekundenschnelle liefen die bisherigen Begegnungen mit dem Mann mit der braunen Jacke, der Marco F. hieß, wie ich nun wusste, wie ein Film vor meinem inneren Auge ab. Ich wusste genau, dass ich niemals in die Nähe dieses Mannes gekommen war, zumindest nicht bewusst oder absichtlich. Selbstverständlich war es möglich, dass ich aus purem Zufall neben *ihm* in der Seilbahn gestanden oder im Kleinbus gesessen hatte. Unsere Gemeinde ist klein, die öffentlichen Verkehrsmittel begrenzt, sodass man immer wieder denselben Menschen über den Weg läuft. Aber ich hatte niemals mit *ihm* gesprochen oder *ihn* auch nur bewusst angeschaut und ganz gewiss hatte ich *ihn* niemals gegrüßt oder *ihm* das Gefühl gegeben, mit *ihm* in näheren Kontakt treten zu wollen, so wie *er* es im Brief behauptet hatte.

Ich presste den Telefonhörer an mein Ohr. Bei jedem Freizeichen zuckte ich zusammen. Ich war unendlich erleichtert, als unser Bekannter, der Kommissar, am Telefon antwortete.
Im Schnelldurchlauf erzählte ich ihm meine bisherige Geschichte: von den beiden Briefen, dem Anruf und dem Streit meiner Eltern mit Marco F., der gerade auf der Straße stattfand. Während des Erzählens merkte ich, dass das bisher Erlebte nicht besonders spektakulär klingen musste, aber es hatte gereicht, meine ganze Familie in helle Aufregung zu versetzen.
Unser Bekannter wartete ein paar Sekunden, bevor er antwortete: „Beruhigt euch erst mal. Lasst diesen Marco F. in Ruhe. Sag deinen Eltern, sie sollen sofort nach Hause kommen und Marco F. in keiner Weise drohen. Solche

Typen darf man nie reizen, denn dann werden sie gefährlich und unberechenbar. Am Ende zeigt er euch noch an." Er räusperte sich. „Du und deine Eltern, beachtet ihn einfach nicht mehr. Dann gibt er früher oder später von ganz allein Ruhe."

Wie bitte? Ich verstand nicht ganz. Warum riet er uns, Marco F. in Ruhe zu lassen? Es war ja Marco F., der mich nicht in Ruhe ließ! Und ich verstand auch den Hinweis auf eine drohende Anzeige nicht. Wir wollten ja nichts von Marco F. *Er* war es ja, der sich plötzlich in unser Leben eingemischt hatte. Es war augenscheinlich eine völlig verkehrte Welt, in der ich mich gerade befand. Solche Typen, was meinte er damit?

Ich wollte Fragen stellen, suchte nach Worten, aber ich fand keine. Ich dachte nur mehr an meine Eltern und dass sie ja nichts Falsches machen durften. Ich musste so schnell wie möglich zu ihnen. Ich bedankte mich, warf den Telefonhörer auf die Gabel, trat eilig aus dem Haus und rannte zu meinen Eltern, die sich noch immer mit Marco F. stritten.

„Martina, er hat zugegeben, dass er dich schon seit längerem beobachtet und verfolgt", sagte meine Mutter aufgeregt, als sie mich sah. Ihre Stimme klang brüchig. „Kinder, geht nach Hause!", befahl sie, als sie meinen kleinen Bruder verdattert neben mir stehen sah. Er war mir gefolgt, ich hatte es gar nicht bemerkt.

Marco F. starrte düster zu Boden, die Hände in die Jackentaschen gesteckt. *Er* sagte kein Wort. Diese kleine, finstere Gestalt machte mich schrecklich wütend, ich konnte nicht mehr ruhig sein, *er* sollte wissen, was ich gemacht hatte.

„Ich habe die Polizei in Bozen angerufen und sie darüber informiert, dass ich verfolgt und belästigt werde. Am besten rufen wir gleich noch die Carabinieri an, damit sie herkommen!", schlug ich vor. Meine Mutter nickte und holte ihr Handy hervor. In stockendem Italienisch

erklärte sie dem Carabiniere, dass uns ein fremder Mann belästigte und dass wir dringend Hilfe benötigten.
Marco F. hob den Kopf, warf noch einen zornigen, hasserfüllten Blick auf meine Mutter, machte plötzlich kehrt und verschwand in Windeseile Richtung Bahnhof. Erstaunt schauten wir der hastig davoneilenden Figur nach.

„Der ist erst mal weg!", stellte mein Vater nach einer kurzen Pause fest. Aber er klang nicht erleichtert. Niemand von uns wusste, was dieser Marco F. noch mit uns vorhatte, aber wir befürchteten Schreckliches. Dieser Mann hinterließ in uns allen ein unangenehmes und ungutes Gefühl. Uns blieb nur noch, Anzeige gegen *ihn* zu erstatten. Was sollten wir sonst machen? Wir waren mit unserem Latein am Ende. Uns war klar, bevor Schlimmeres passierte, mussten wir uns Hilfe holen. Zu diesem Zeitpunkt war uns das Ausmaß dessen, was noch kommen würde noch nicht bewusst, unter anderem auch, weil die Geschichte noch eher harmlos klang. „Der wird schon wieder Ruhe geben", war die Antwort, die wir bisher von allen gehört hatten, die von uns eingeweiht worden waren. Wir zweifelten an uns selbst, wussten nicht weiter. Aber keiner wagte es, seine Angst und Besorgnis laut auszusprechen.

Schweigend gingen wir nach Hause. Ich wagte es nicht, meinen Eltern ins Gesicht zu schauen. Sie dachten wohl nicht etwa, dass ich eine solche Begegnung provoziert hatte? Dass ich irgendetwas getan hatte, wodurch Marco F. auf mich aufmerksam geworden war?
Aber niemand warf mir so etwas vor, obwohl ich mir diese Frage immer wieder selbst stellte. Doch ich war kein provokanter Mensch, im Gegenteil.

Erleichtert traten wir ins warme Haus, das uns das Gefühl von ein wenig Sicherheit wiedergab. In unseren eigenen vier Wänden konnte uns keiner etwas anhaben – dachten wir.

Ich setzte mich auf das Sofa im Wohnzimmer und versuchte meine Gefühle zu sortieren. Die Ereignisse hatten sich an diesem Tag überschlagen. Plötzlich schien mir, dass ich die Hauptfigur in einem Krimi war, den ich nicht sehen wollte. Ich grübelte, wie ich diese Maschinerie stoppen konnte; ich quälte mich mit Gedanken, mit denen sich eine gewöhnliche Neunzehnjährige nicht herumschlagen sollte. Marco F. war eine Last für mich geworden, eine Last, die ich jetzt schon fast nicht mehr tragen konnte. Musste ich mich wirklich tagtäglich fragen, was noch kommen würde, wo *er* als nächstes auftauchen würde? Ich fühlte mich jetzt schon ausgelaugt und überfordert.

„Ich hoffe bloß, dass dieser Typ uns von nun an in Ruhe lässt“, hörte ich die sorgenvolle Stimme meiner Mutter. Sie marschierte unruhig im Wohnzimmer auf und ab.

„Das wird er sicher *nicht* tun“, schätzte mein Vater die Situation realistisch ein. Er war auf das Sofa gesunken, müde von einem langen Arbeitstag und all der Aufregung. „Als wir die Carabinieri gerufen haben, ist er sofort abgehauen. Der hat sicherlich schon Erfahrung in dieser Hinsicht.“

Auf die Worte meines Vaters hin erwiderte niemand etwas.

„Er wird jetzt wohl Ruhe geben, wenn er merkt, dass wir uns wehren!“, sagte ich, als das Telefon klingelte.

Hilflos ausgeliefert

„Ich geh‘ ran“, bestimmte meine Mutter und verschwand. Sie ging in den Gang, wo das Telefon stand. Als auch wir den Korridor betraten, flüsterte sie: „Psst, das ist *er!*“ Sie lauschte schweigend und verzog dabei keine Miene, um kein Wort zu versäumen. Dann ließ sie langsam den Telefonhörer auf die Gabel sinken.
„Er will nicht mehr verfolgt werden und er will nicht, dass ich dich weiterhin abends an der Endstation abhole!“ Verdattert berichtete sie uns, was ihr der seltsame Mann kurz und bündig am Telefon befohlen hatte.
Obwohl ich unheimliche Angst verspürte, war ich plötzlich außer mir vor Wut. Was hatte der Typ uns schon zu befehlen? Was erlaubte *er* sich überhaupt, uns per Telefon mitzuteilen, was *er* sich wünschte? War *er* von allen guten Geistern verlassen? Wut stieg in mir hoch. Am liebsten hätte ich irgendetwas in tausend Stücke zerrissen. Was dachte sich dieser kranke Psycho eigentlich? Hatte *er* sonst nichts zu tun?

Es waren gerade einmal 15 Minuten vergangen, als unsere besorgten Gedanken und Mutmaßungen ein weiteres Mal vom Klingeln des Telefons unterbrochen wurden. Ich griff hastig zum Telefonhörer. Es riss mir den Boden unter den Füßen weg, als ich *seine* Stimme erkannte.
„Martina, du brauchst keine Angst vor mir zu haben.“ Die Stimme schwieg einen Augenblick. „Aber du musst vorsichtig sein mit dem, was du tust; du und deine Familie.“ Dann legte *er* auf.
„Oh, wie ich dich hasse!“, wollte ich in den Hörer schreien, aber *er* hatte bereits aufgelegt. *Er* entschied ja wie lange die Gespräche, soweit man sie als solche bezeichnen konnte, dauerten.

Warum dauerte es bloß so ewig lange, bis die vorher auf der Straße alarmierte Carabinieri-Streife bei uns eintraf?

Wiederholt klingelte nun unser Telefon. Jedes Mal hängte der Anrufer sofort wieder auf, sobald wir den Hörer in der Hand hielten. Ich war überzeugt davon, dass dieser Marco F. sich weiterhin ganz in unserer Nähe befand, uns beobachtete und uns zum Narren hielt. Wahrscheinlich rief *er* von einer Telefonzelle aus an oder *er* besaß ein Handy und verbarg *seine* Rufnummer. Im letzteren Fall könnte *er* uns jederzeit und von überall belästigen.
Das Klingeln des Telefons ging weiter, auch als inzwischen endlich zwei Carabinieri-Beamte der Nachbargemeinde eingetroffen waren. Die Carabinieri unseres Dorfes waren anderweitig im Einsatz, daher auch das lange Warten auf die Ordnungshüter.
Die Carabinieri lasen die Briefe. Ich hatte den ersten Brief von Lorenz zurückgefordert, nachdem der zweite Brief angekommen war, er hatte ihn glücklicherweise aufbewahrt. Zumindest war das Klingeln des Telefons der Beweis für die Beamten, dass wir die ganze Geschichte nicht erfunden hatten. Ich bemerkte, wie die Beamten immer irritierter agierten: Denn der Anrufer ließ sich auch nicht durch die Anwesenheit der Carabinieri beeindrucken.
Er rief weiterhin an, obwohl einer der Beamten selbst den Hörer abnahm. Sie lasen Marco F.s Briefe noch einmal durch und zuckten mit den Achseln. „Leider können wir nichts unternehmen. Briefe schreiben ist nicht verboten und am Telefon spricht er nicht." Sie schrieben ein kurzes Protokoll und mit kurzem Gruß verließen sie unser Haus. Sie schienen betroffen zu sein, dass sie nichts für uns tun konnten. Sie wirkten hilflos.

„Das darf doch nicht wahr sein, die gehen einfach!", sagte ich so vor mich hin. Ich fühlte mich von den Carabinieri im Stich gelassen. Ich bekam an jenem Märzabend einen Vorgeschmack auf die Hilflosigkeit der Behörden in solchen Fällen. In unser ruhiges und beschauliches Leben war urplötzlich ein Geistesgestörter hineingeplatzt. Wir wollten bloß, dass *er* wieder verschwindet. Von den Be-

hörden durften wir wohl nicht allzu viel Hilfe erwarten, allerdings war dies das Einzige, was uns als Waffe blieb. Wie hatte der Kommissar doch gesagt? „Achte darauf, dass deine Eltern ihn auf keinen Fall bedrohen." Aber *er* bedrohte doch uns! Wir wollten doch nichts von *ihm*! Meine Gefühle fuhren Achterbahn, von Verzweiflung bis Hohn und Spott war alles dabei.
Die Anrufe an jenem Abend endeten erst um 21 Uhr. Wir waren es inzwischen gewohnt, es klingelte und klingelte und wir nahmen den Hörer ab, damit *ihm* wenigstens die Münzen im Automaten ausgingen, sollte *er* tatsächlich von einer öffentlichen Telefonkabine aus anrufen.

Wie skrupellos, aber äußerst geschickt der finstere Mann *seine* Informationen über unsere Familie einzog, erfuhren wir erst nach und nach. Meinen Namen hatte *er* wohl von den Passagieren im Kleinbus erfahren. Unsere Telefonnummer fand *er* heraus, indem *er* im Telefonbuch nachschlug und sämtliche Einwohner anrief, die denselben Namen trugen wie mein Vater. Die Frau eines Namensvetters meines Vaters erzählte uns später, Marco F. habe sich bei ihr erkundigt, ob eine gewisse *Martina* bei ihr wohnte. Diese hätte nämlich ein Leihbuch in einem Bozner Jugendzentrum vergessen und er wolle sie nur daran erinnern, es abzuholen. Die Frau kannte mich damals noch nicht und konnte Marco F. auch keine Auskunft geben.

Der Hass, den ich verspürte, als *er* begann andere Menschen mit hineinzuziehen, wurde unvorstellbar groß. Denn immer war ich diejenige, die dann bei allen entweder Ausreden oder Erklärungen für *sein* Verhalten parat haben musste. Es war mir alles so unangenehm, ich schämte mich wegen *ihm*. Unerklärlicherweise empfand ich sogar ein wenig Mitleid mit *ihm*, denn wie groß mussten die Langeweile und der Wahn eines Menschen sein, um unaufhörlich ein und derselben Person nachzustellen und nicht zu merken, dass er für seine Aktionen nur Hass erntete.

Ihm war das alles egal, *er* brauchte Aufmerksamkeit. Schließlich musste *er* wohl auf die richtige Telefonnummer gestoßen sein. Indem *er* mich wahrscheinlich bis zur Haustür verfolgt hatte, wusste *er* natürlich unsere genaue Adresse.
Marco F. schreckte auch nicht davor zurück, unsere unmittelbare Umgebung mit einzubeziehen, wie unsere Nachbarin, Frau H., zu ihrem Leidwesen am 22. März 2000 erfahren musste.
Marco F. rief bei Frau H. an, um sich über mich und meine Familienverhältnisse zu erkundigen. *Er* stellte sich als Carabiniere vor und teilte ihr mit, dass gerade eine Polizeistreife bei meiner Familie sei, weil sich die Familienmitglieder gegenseitig erstechen wollten. Obwohl zu Tode erschrocken, schöpfte Frau H. aufgrund der penetranten Fragen aber Verdacht und gab dem vermeintlichen Carabiniere telefonisch keine Auskunft.
Eine Streife stand ja wirklich schon da, das konnte sie vom Fenster aus sehen, aber die ganze Situation kam ihr seltsam vor und sie beschloss bei uns zu klingeln. Wir versicherten der völlig aufgelösten Frau H., die wenig später vor unserer Tür stand, dass wir uns in keiner Weise gegenseitig erstechen wollten und weihten sie gezwungenermaßen in die Geschehnisse der letzten Tage und Wochen ein. Sie war baff und verstand die Welt nicht mehr.

Von nun an artete die Sache mit Marco F., die vor drei Monaten mit einem augenscheinlich seltsamen, aber vorerst harmlosen Brief begonnen hatte, täglich weiter aus. Niemand konnte *ihn* stoppen.
Hätte uns das Wissen, auf welch „kreative" Weise Marco F. zu seinen Informationen kam, damals genutzt, als uns die Carabinieri-Beamten zum ersten Mal aufsuchten? Wir wissen es nicht. Obwohl die gesetzlichen Privacy-Bestimmungen damals bereits streng waren, trugen sie in keiner Weise zu unserem Schutz bei.

Und es ging weiter

Kaum hatten wir über Frau H. von der vermeintlichen Messerstecherei in unserem Haus erfahren, folgte schon am nächsten Abend gegen 20.50 Uhr der nächste Schreck. Es läutete an unserer Haustür. Wir saßen alle vier auf dem Sofa und sahen gemeinsam fern. Eine Dokumentation über Tiere in Afrika. Eigentlich waren wir Krimi-Fans, aber darauf konnten wir mittlerweile verzichten. Wir hatten unseren eigenen Krimi.

Es klingelte noch einmal. „Nanu, wer kommt so spät noch unangemeldet zu Besuch?" Wohl gleichzeitig schoss uns der Gedanke an Marco F. durch den Kopf, auch wenn es keiner aussprach. Es war absolute Stille im Raum. Wie auf Kommando standen meine Eltern, mein Bruder und ich gleichzeitig im Korridor und öffneten vorsichtig die Haustür. Wir waren aufgrund unserer bisherigen Erfahrungen auf das Schlimmste gefasst, allerdings gelang es Marco F. uns immer wieder aufs Neue zu verblüffen.

„Guten Abend! Wir wurden wegen eines Notfalls verständigt!" Zwei Rettungssanitäter mit ihren schweren Taschen auf dem Rücken standen in unserem kleinen Vorgarten. Im Hintergrund beleuchteten die eingeschalteten Blaulichter und die Abblendlichter des Rettungswagens die Szenerie, unsere ganze Siedlung war hell erleuchtet.

„Eine Szene wie im Film", schoss es mir durch den Kopf, vollkommen unwirklich. Wir waren sprachlos. Wir müssen wie ein Häufchen Elend ausgesehen haben, wie wir vier so verblüfft dastanden.

Als niemand von uns reagierte, wurde einer der beiden jungen Männer deutlicher. „Es wurde uns eine schwerkranke Person in diesem Haus gemeldet. Bitte führen Sie uns zu ihr."

Wir standen noch immer wie versteinert, unfähig zu reagieren und warfen uns fragende und geschockte Blicke zu.

Mein Vater fand schließlich als erster die Stimme wieder.
„Das war Marco F.!“
Die Sanitäter blickten ihn verständnislos an.
„Hier gibt es keine kranke Person und wir haben auch nicht die Rettung verständigt“, beeilte er sich zu sagen. „Bitte, kommt herein, wir erklären euch alles. Und schaltet bitte vorher das Blaulicht ab“, fügte er hinzu, während er sie ins Haus bat.
„Wir brauchen wirklich keinen Rettungswagen und wir haben auch keinen Notruf abgesetzt. Wir haben gerade ferngesehen!“, wiederholte meine Mutter aufgeregt auf dem Weg ins Wohnzimmer.
Die beiden Sanitäter begriffen recht schnell. Falscher Alarm. Das kam öfters vor. Häufig wurden sie zu Einsätzen gerufen, wo sich etwaige Verletzungen als nicht so schwer entpuppten. Allerdings: Böswillig fingierte Fehlalarme kamen zumindest in unserem Dorf dann doch nicht so häufig vor, auch weil diese verständlicherweise eine Strafe nach sich zogen.
Einer der beiden Sanitäter griff zum Telefon und erkundigte sich in der Notrufzentrale, wer für den Notruf verantwortlich war. Und er bekam Auskunft.
Unser Verdacht bestätigte sich: Es war Marco F. gewesen! *Er* hatte den fatalen Notruf abgesetzt und dummerweise *seinen* richtigen Namen genannt. War *er* noch ganz dicht? Für uns bedeutete das, dass wir immer mehr Personen – in diesem Fall die Sanitäter – in die leidige Geschichte einweihen mussten. Und abermals mussten wir die Carabinieri rufen. Und wieder warteten wir lange, bis sie endlich bei uns eintrafen.
Auch die beiden Rettungssanitäter mussten wegen ihrer Zeugenaussage bei uns ausharren. Wir konnten es nicht fassen. Bis die Beamten eintrafen, versuchten wir den Sanitätern klarzumachen, wie wir in diese absurde Geschichte hineingeschlittert waren. Wir redeten wild durcheinander. Ich glaube kaum, dass sie uns verstanden haben. Die ganze Verzweiflung und Hilflosigkeit brach

aus uns heraus. Die Sanitäter nickten verwundert, so etwas hatten auch sie noch nie erlebt.

Ein weiteres Protokoll unserer Aussagen wurde erstellt. Die Nutzlosigkeit all dieser erstellten Papiere konnten wir damals noch nicht erahnen. Wir hatten, bis Marco F. in unser Leben trat, noch nie etwas mit den Carabinieri zu tun gehabt. Nun waren sie zwei Tage hintereinander in unserem Haus. Dazu der falsche Notruf und die dreisten Lügen, die Marco F. unserer Nachbarin erzählt hatte: Jeder Tag bescherte uns weitere Probleme. Wir waren für so etwas nicht gewappnet und keiner konnte oder wollte uns helfen.
Der Gedanke, uns an einen Rechtsanwalt zu wenden und eine Unterlassungsklage einzureichen, kam uns nicht. Von den Gesetzeshütern wies uns auch niemand darauf hin. Es ahnte wohl niemand, dass die Geschichte weiter eskalieren würde und jeder ermahnte mich nur, Ruhe zu bewahren und Zeit vergehen zu lassen.
Warum einen Anwalt einschalten? Marco F. hatte mir nichts angetan. „Solange Marco F. niemanden tätlich angreift, sind uns die Hände gebunden." So klar formulierten es die Beamten bei ihrem zweiten unfreiwilligen Besuch bei uns und bei jeder weiteren Anzeige, die ich nach und nach erstattete. Ich konnte also gar nichts erreichen. Die Untätigkeit der Polizei traf mich mit voller Wucht. Ich spürte im Innersten, dass es noch schlimmer kommen würde. Ich fühlte mich nicht mehr sicher. Ich fühlte mich, als hätte man mich ohne Rettungsweste ins offene Meer geworfen, mal tauchte ich ab, dann kam ich wieder an die Oberfläche, um Luft zu holen. Ich ruderte verzweifelt mit den Armen, um nicht zu ertrinken, und ging immer wieder unter. Keiner war da, um mir einen Rettungsring zuzuwerfen.
Dass sich Marco F. gegenüber unserer Nachbarin als Carabiniere ausgegeben hatte, ärgerte die Beamten aller-

dings. Diese Straftat musste *er* später mit einer geringen Geldstrafe büßen.

Das Telefon klingelte an diesem Abend bis 3 Uhr nachts, bis mein Vater wütend den Stecker aus der Dose zog. Es reichte! Nun hatten wir endlich unsere Ruhe.
Der Anrufer hatte kein Wort gesprochen, wir hörten nur das Atmen am anderen Ende der Leitung. Ich fiel in einen unruhigen Schlaf.

An einem Abend im Frühsommer dieses Jahres waren mein Freund Lorenz und mein Onkel bei uns zu Besuch. Wir saßen am Küchentisch und rätselten, von wo Marco F. ständig telefonierte.
Als hätte *er* gespürt, dass wir gerade darüber berieten, rief *er* am besagten Abend ununterbrochen an. Und zwar so lange, bis Lorenz und meinem Onkel der Kragen platzte. Sie beschlossen kurzerhand, alle Telefonzellen des Dorfes nach *ihm* abzusuchen. Sie waren sich sicher, *ihn* in einer davon zu finden.
Das musste natürlich schnell gehen. Ehe ich mich versah, waren die beiden aufgesprungen und in zwei verschiedene Richtungen verschwunden, um die Telefonzellen, drei an der Zahl, im Laufschritt abzusuchen.
Insgeheim hoffte ich, sie würden *ihn* finden und *ihm* eine Lektion erteilen. Andererseits fielen mir wieder die Worte des Kommissars ein, der mir aufgetragen hatte, darauf zu achten, dass sich keiner von uns strafbar machte, indem wir Marco F. irgendetwas antaten. Es passierte zum Glück nichts, denn Marco F. war unauffindbar. Unverrichteter Dinge kamen die beiden nach einer Stunde, die mir wie eine Ewigkeit vorkam, wieder zu uns nach Hause zurück.

Freie Fahrt für Stalker

Hätte das Leben einer Neunzehnjährigen nicht schön und unbeschwert sein müssen? War es nicht alles so gekommen, wie ich es mir in meinen bescheidenen Träumen gewünscht hatte? Hatte ich doch meinen lang ersehnten Job gefunden, hatte ich doch die Möglichkeit, viel dazuzulernen und mich beruflich weiterzubilden, hatte ich doch viele Freundinnen und Freunde und eine Familie, auf die ich mich verlassen konnte.
All das wurde im Frühjahr 2000 in seinen Grundfesten erschüttert. Ich bekam vor Menschen, die ich nicht kannte, Angst und zweifelte an den Menschen in meinem Umfeld. Ich ging nicht mehr in die Bar zum Mittagessen, sondern ich nahm das Essen von zu Hause mit und blieb in der Mittagspause alleine im Büro. Ich traute niemandem mehr und wollte auch niemanden mehr kennenlernen. Ich huschte zum Autobus und hoffte, dass mich keiner sah, wenn ich das Büro verließ oder betrat. Über mir hing ein schwerer dunkler Schatten und jeder Tag wurde mühseliger und beschwerlicher.

Manchmal erinnerte ich mich an die unbeschwerten Jahre meiner Oberschulzeit zurück. Zwar lebten meine Schulkameradinnen und ich im Heim unter der strengen Aufsicht von Klosterfrauen, aber wie viel Unsinn hatten wir dabei getrieben! Wie gerne war ich mit meinen Freundinnen zusammen gewesen. Wir hatten uns gegenseitig die Haare gefärbt, Tischfußball gespielt oder stundenlang geschnattert. Diese schönen Erlebnisse schienen alle so lange her! Dabei war seit dieser Zeit nicht einmal ein Jahr vergangen.

Ich wollte Marco F. aus dem Weg gehen. Ich wollte *ihn* nicht sehen und *er* sollte mich auch nicht sehen. Leider war das unmöglich. Ich musste zur Arbeit gehen. Ich

konnte nicht alles hinschmeißen, was ich in dieser kurzen Zeit erreicht hatte.
Unter dem enormen psychischen Druck begann ich, bei der Arbeit Fehler zu machen. Ich war nervös, gereizt und unkonzentriert. Sollte sich mein Traumjob aufgrund dieser unglaublichen Geschichte in nichts auflösen? Wie lange würde mein Chef noch über meine Fehler hinwegsehen? Ich war müde und ausgelaugt, konnte die Augen kaum offen halten, wenn mir mein Arbeitskollege Aufträge erklärte. Ich fühlte mich erschöpft und wusste nicht, wie ich weitermachen sollte. Ich konnte doch nicht riskieren, meine Arbeit zu verlieren. Mein einziger Ausweg war: Ich musste meinen Chef und meinen Arbeitskollegen in das Geschehen einweihen! Ich arbeitete erst seit wenigen Monaten in der Agentur und hatte als Berufsanfängerin noch nicht viel geleistet. Auf wie viel Verständnis durfte ich hoffen? Würde ein Außenstehender überhaupt begreifen können, welche Angst und welche Probleme ich hatte? Konnte sich jemand vorstellen, wie zermürbend all die plagenden Gedanken an das, was war und was vielleicht noch kommen würde, waren?

Oberflächlich gesehen war noch immer nichts Gravierendes geschehen: ein paar Briefe, Anrufe bis zum Abwinken, Erkundigungen bei Nachbarn und ein falscher Alarm in der Notrufzentrale. Zwei Mal war die Polizei in unserem Haus gewesen und des Öfteren war ich in der Kaserne, um Anzeige zu erstatten. Doch nachdem ich Marco F. von Angesicht zu Angesicht gesehen hatte, wusste ich, dass es noch schlimmer kommen würde – dass unter *seiner* harmlos wirkenden Oberfläche eine hässliche Fratze schlummerte. Es war die Fratze, die mir jeden Abend höhnisch eine „Gute Nacht“ wünschte und neben mir lauerte, um mir schlechte Träume zu bescheren. Es war die Angst, die mir im Nacken saß.

Nachdem mich mein Arbeitskollege abermals auf einen Fehler, der leicht vermeidbar gewesen wäre, hingewiesen hatte, nahm ich meinen ganzen Mut zusammen. Ich bat ihn und meinen Chef um ein Gespräch. Ich fühlte mich hundeelend, ich schämte mich so, kam mir dumm und hilflos vor. „Die werden sicher denken, das dumme Mädchen vom Berg weiß sich nicht zu wehren und ihre Eltern verstehen es auch nicht besser“, so meine Gedanken.
Ich schilderte ihnen meine ganze bisherige Geschichte und ließ kein Detail aus. Erzählte von den Drohungen und davon, dass das Gesetz uns nicht unterstützte. Am Ende meiner Erzählung war Stille und Erstaunen im Raum. Dann folgten tröstende Worte. Ich entspannte mich. Ich war heilfroh über diese Reaktionen, glaubte aber trotzdem, dass keiner von beiden wirklich erfassen konnte, was bei mir damals gerade ablief.
Die Tränen rannen meine Wangen herab, obwohl es nicht zum ersten Mal war, dass ich diese verdammte Geschichte erzählen musste. Und, was ich zuerst kaum zu hoffen gewagt hatte: Ich konnte mit dem Verständnis meiner Arbeitskollegen rechnen! Zumindest verlor ich meine Arbeit nicht.
Bestärkt dadurch, beschloss ich, nicht weiter wie ein Lamm alles auf mich zukommen zu lassen. Ich würde mich ab sofort zu wehren wissen! Ich hatte wieder das Gefühl, dass ich mich nicht unterkriegen lassen durfte, ich fühlte mich ermutigt. Irgendwie merkte ich, dass es mir ein Gefühl von Sicherheit gab, wenn ich den Menschen offen von den unheimlichen Geschehnissen und meinen Ängsten erzählte. Wenn mein persönliches Umfeld informiert war, konnte dieses mir ein Schutzschild sein. Wenn jeder die Augen für mich offenhielt war Marco F. automatisch unter Kontrolle. Und wenn nicht *er*, dann wenigstens *ich!*
Doch Marco F. schien von meinem neuen Mut nichts mitzubekommen. Unbeirrt schickte er mir weiter Post ins Haus, das Telefon klingelte ständig. Die Stimmung zu Hause wurde immer fahriger und nervöser. Ich fühlte

mich schuldig an der unguten Situation, obwohl ich noch immer nicht wusste, wie ich denn Marco F. gereizt haben könnte, warum *er* sich gerade mich ausgesucht hatte.
Immer öfter schrien wir uns gegenseitig an, keiner hatte mehr Geduld für den anderen, unsere Nerven waren am Ende. Uns waren die Hände gebunden, das beklemmende Gefühl der Ohnmacht war das Schlimmste.

Zeitungsausschnitt 14. Februar 2000, Seite 9
Pfeile deuteten auf das Inserat am Ende der Seite:
Zu lesen nur für den italienischsprachigen „Zeitungs"-lesenden Skilehrer: Ti voglio tanto bene! M.

Ich hielt Marcos Post in den Händen und verstand nicht, was *er* mir damit sagen wollte. Ratlos schaute ich auf das Papier, das ich in den Händen hielt.
Dieses Mal war es kein Brief, den *er* mir hatte zukommen lassen, sondern eine Zeitungsseite. Es handelte sich um einen Ausschnitt aus einer lokalen Tageszeitung vom 14. Februar 2000 – Valentinstag. An diesem Tag gab es traditionell viele Inserate mit öffentlichen Liebeserklärungen. Die Seite, die ich erhielt, handelte von einem Schulprojekt der Handelsoberschule in Bozen, einer sogenannten „Gele-gele-Woche", die darin bestand, dass die Schüler nicht nur die Schulstunden, sondern auch die gesamte Freizeit miteinander verbringen sollten. Es ging um Vertrauensübungen in der Gruppe sowie um Kommunikations- und Kooperationstraining – und das alles unter dem Titel „Die Woche kann länger dauern".
Wollte Marco F. mich darauf hinweisen, dass ich ebenfalls Kommunikationsübungen machen sollte oder wollte *er* mir eine schlimme, lange Woche voraussagen? „Verdammt noch mal, was will er schon wieder von mir?" Dieser Typ machte mich wahnsinnig! Ich befahl mir, mich nicht hineinzusteigern und ruhig zu bleiben, auch wenn mein Herz schon wieder zu rasen begann und ich schwer

atmete. Ich wollte mir das Ganze in Ruhe anschauen und jedes Detail zu deuten versuchen, bevor ich unnötig ausflippte.
Ich betrachtete seine Kritzeleien auf der Zeitungsseite genauer und bemerkte, dass er das Datum „Montag, 14. Februar 2000“ eingekreist hatte. Von dem Datum gingen mehrere Pfeile bis ganz ans Ende der Seite, wo anscheinend eine Frau, eine gewisse M., eine Liebeserklärung an einen Skilehrer inseriert hatte: „Zu lesen nur für den italienischsprachigen ‚Zeitungs‘-lesenden Skilehrer: Ti voglio tanto bene! M.“
Dieses Inserat hatte Marco F. mit dicken Strichen ebenfalls eingekreist. *Er* bezog das Inserat doch nicht auf sich? Meinte *er*, dass *er* mit dem „italienischsprachigen ‚Zeitungs‘-lesenden Skilehrer“ gemeint war? Glaubte *er* etwa, dass ich – also Martina – mich hinter dem Kürzel „M.“ versteckte? Oder hatte *er* es selbst inseriert?
Zum Teufel mit *seinen* kranken Gedanken! Was wollte *er* von mir, was wollte *er* mir mitteilen? Ich erkannte in alledem keinen Sinn.

Immer wieder stellte ich mir vor, wie ich *ihn* niederschlug, auf offener Straße, mit den eigenen Fäusten, ich ganz alleine. Ich heulte und zitterte während ich *ihm* in Gedanken alles zurückgab, was *er* mir in den letzten Monaten angetan hatte. Nachts schreckte ich auf und ich erschrak vor mir selber, weil ich erschöpft von den Schlägen, die ich in meinen Träumen ausgeteilt hatte, im Bett lag. Noch eine und noch eine haute ich *ihm* rein. Ich fühlte mich erlöst und befreit, wenn *er* zu Boden ging, aber nur so lange, bis ich merkte, dass ich wieder nur geträumt hatte. Alles nur ein Traum.

Die Polizei konnte uns nicht helfen, im Gegenteil. Wir wurden gewarnt, dass wir uns selbst schuldig machen würden, wenn wir uns auf eigene Faust wehrten. Marco F. terrorisierte mich, meine Familie, unsere Freunde und

Nachbarn. Wir mussten mehr über diesen Typen herausfinden. Wer war *er*? Was tat *er*? Wo wohnte *er* und wo arbeitete *er*? Ich wusste gar nichts über *ihn* und war ständig in Panik.

Einen ersten kleinen Erfolg konnten wir uns erhoffen, als mein Vater eines Tages mit einem neuen Telefonapparat nach Hause kam und ihn anschloss. Der Clou war: Dieser Apparat speicherte alle Telefonnummern auf dem Display. Eine erste Erleichterung trat ein. Wir konnten Marco F. orten. Schon bald hinterließ er uns auf diese Weise unbewusst seine Telefonnummer. Es war die lokale Telefonnummer eines Fixanschlusses.

Fiebrig durchsuchten wir das Telefonbuch mit Hunderten von Telefonnummern im Ort. Zeile für Zeile ging ich alle Zahlen durch. Zitternd und voller Hoffnung verglich ich konzentriert Zahl für Zahl – ich wollte *ihn* finden.

„Da ist sie!“, triumphierte ich, als ich die entsprechende Nummer im Telefonbuch gefunden hatte. Mein erster Erfolg seit langem. Aufatmen. Die Nummer gehörte zu einer Pension, nicht weit von unserem Haus gelegen.

Langsam dämmerte es uns. Marco F. hatte gar keine eigene Wohnung, kein Heim, kein Zuhause. *Er* wohnte – wohl alleine – im Zimmer einer Pension und hatte in *seiner* Einsamkeit alle Zeit der Welt, sich kranke Pläne auszudenken, wie *er* mich belästigen konnte. Das war wohl *sein* Zeitvertreib.

Ich fühlte mich schlagartig besser und in gewisser Weise auch erleichtert. Ich wusste nun, welchen Ort im Dorf ich meiden musste, um *ihm* nicht zufällig zu begegnen. Denn es reichte mir völlig, dass ich *ihn* jeden Abend auf dem Heimweg sah. Nun konnte ich *ihn* abends auch im Auge behalten und kontrollieren, welche Richtung *er* einschlug. Ging *er* in Richtung Pension oder ging *er* einen anderen Weg, vorbei an unserem Haus?

Was ich nicht ahnte, war, dass Marco F. uns immer einen Schachzug voraus war. Ich hatte mich zu früh gefreut.

Erst später erfuhren wir, dass er bereits über beträchtliche Erfahrung im Stalking und bei Begegnungen mit der Polizei verfügte. Keiner der Polizisten hatte uns darauf aufmerksam gemacht und uns gewarnt, welch kranker Mensch mich belästigte und verfolgte.
Immer wieder wandten wir uns an die Carabinieri und erstatteten Anzeige, doch dabei blieb es. Immer wieder wurde uns bestätigt, dass die Beamten nichts dagegen machen konnten, bevor er mich nicht tätlich angriff.
Stalking war im Jahr 2000 kein anerkanntes Delikt im italienischen Gesetzesdschungel. Marco F. konnte dafür nicht belangt werden.
Dass der Polizei sehr wohl Möglichkeiten zur Verfügung gestanden hätten, den Mann zu stoppen (oder dies zumindest zu versuchen), gab ein damaliger Bozner Staatsanwalt zu, als er Jahre später auf einer Tagung in Meran vom Beispiel einer psychisch lädierten Frau erzählte, die ihren Nachbarn ständig verfolgt und belästigt hatte. Die Frau war sogar so weit gegangen, ihm das Schlüsselloch seiner Haustür mit Klebstoff zu ruinieren. „Wir stürmten mit rund 20 Beamten die Wohnung dieser Frau. Sie war davon derart eingeschüchtert, dass sie ihren Nachbarn von diesem Moment an in Ruhe ließ."
Für mich hieß das im Klartext: In dem Augenblick, wo sich Sachbeschädigung oder Körperverletzung hinzugesellte, konnten die Beamten eingreifen. Überschritt der Stalker diese Grenze schlauerweise nicht, konnte ihn niemand stoppen.
Welch zermürbender Gedanke. Wann würde es so weit sein? Ich konnte nur noch darauf warten. Was sonst? Es war sein Spiel; er spielte von Anfang an nach seinen eigenen Regeln. Den nächsten Schachzug kannte nur er.

Unsere Strafanzeigen bei den Carabinieri versandeten buchstäblich im Nichts. Niemand stürmte das Pensionszimmer von Marco F., auch wenn ich es mir genüsslich in Bildern ausmalte. Ich stellte mir vor, wie sie die Tür

eintraten und *ihn* festnahmen. Ich sah sein kreidebleiches, überraschtes Gesicht. Nichts dergleichen geschah.
Schließlich erfuhren wir, dass Marco F. bereits präventiv bei den Carabinieri vorstellig geworden war, noch bevor wir diese das erste Mal verständigt hatten, um *mich* wegen Belästigung anzuzeigen! Ich, 19 Jahre alt, würde ihn, Marco F., ständig verfolgen und beobachten. Er hätte keine ruhige Sekunde mehr.

Ein schlauer Zug von ihm, doch ich hoffte, dass die Beamten diesen kranken Unsinn nicht glaubten. Ich war empört! Was glaubte dieser Typ überhaupt? Ich war doch nicht so bescheuert, mir einen 45-jährigen psychisch Kranken auszuerwählen.

Das einzig Gute an dieser vollkommen verkehrten und verdrehten Welt war, dass Marco F. bereits aktenkundig war. Zwar nahmen die Carabinieri *seine* Anzeige gegen mich auf, legten sie aber gleich beiseite – wie wahrscheinlich auch meine Anzeigen gegen Marco F. Dass ich früher oder später zu den Carabinieri gehen würde, das hatte *er* wohl geahnt, denn Marco F. fing tatsächlich an, mir auf diesem Wege dreist Befehle zu erteilen: Er ließ mir über die Carabinieri ausrichten, dass ich nicht mehr mit der Seilbahn fahren solle, denn jedes Mal wenn er mich sehe, überkomme ihn die Lust, mir nachzustellen und mich zu quälen!
Wir besprachen Marco F.s unglaubliche „Forderung“ in der Familie. Abgesehen von der Ungeheuerlichkeit, dass mir ein fremder Mann befehlen wollte, was ich zu tun und zu lassen hatte, wollte ich einfach nur meine Ruhe haben, wollte mein junges Leben wieder genießen. Ich wollte mit dieser kranken Geschichte abschließen und beschloss, *ihm* entgegenzukommen.
Bisher hatte – trotz aller Angst – mein Stursinn es nicht zugelassen, dass ich mir die Verkehrsmittel von *ihm* auf-

diktieren ließ. Trotzig hatte ich weiterhin am Abend die Seilbahn benutzt, um nach Hause zu fahren.
Mittlerweile war ich aber so eingeschüchtert, dass ich wahrscheinlich zu allem Ja und Amen gesagt hätte.
„Ich werde nicht mehr mit der Seilbahn und dem Kleinbus fahren“, eröffnete ich an jenem Abend meinen Eltern. „Ich fahre mit dem Linienbus, auch wenn ich dadurch viel später nach Hause komme. Vielleicht kann ich sogar meine Arbeitszeiten ändern.“ Damit, so dachte ich, verlöre sich zeitweise meine Spur für Marco F. und *er* würde uns vielleicht in Ruhe lassen. Diese permanente Angst war nicht mehr auszuhalten. Ich hätte alles getan, damit *er* von uns abließ. Meine Eltern nickten nur zu meiner Entscheidung, denn der ständige Terror hatte auch sie geschwächt und abgestumpft. Gegenwehr war von unserer Seite nicht mehr zu erwarten.
Wir alle hofften, dass mit meiner Annahme *seiner* Forderung dieser Albtraum endlich vorbei wäre. Wir wollten nicht mehr kämpfen, wollten unsere Ruhe, hatten keine Kraft mehr. Nachdem *er* völlig uneinsichtig gegenüber vernünftigen Argumenten war, dachte ich mir: „Die Klügere gibt nach. Dann wird er mit dem Psychoterror aufhören.“
Falsch gedacht.

Nachdem ich für eine Weile meinen gesamten Tagesablauf umgestellt hatte, um nicht mehr die Seilbahn zu benutzen, und glücklicherweise darin von meinem Chef unterstützt wurde, erfuhr ich von mehreren Bekannten, dass auch Marco F. nicht mehr mit der Seilbahn um 18.20 Uhr fuhr. Ich kehrte nach einiger Zeit also wieder zu meinem alten Stundenplan zurück, benutzte Seilbahn und Kleinbus wieder zur üblichen Zeit und glaubte naiv, der Albtraum sei vorbei.
Die ersten Tage blieb es ruhig. Schon wagte ich zu hoffen, dass *er* mich infolge meiner Kooperationsbereitschaft vergessen hatte.

Die Hoffnung währte leider nur kurz. Die Anrufe gingen nach der ersten ruhigen Zeit gnadenlos wieder los. Es war ein Rad, das nie aufhörte sich zu drehen. Tausend Fragen und Zweifel hämmerten ununterbrochen in meinem Kopf. Warum fuhr Marco F. nicht mehr mit der Seilbahn? Weil *er* mich dort nicht mehr sah? Weil *ihn* die Seilbahn nicht mehr interessierte, jetzt, wo ich sie vielleicht nicht mehr benutzte? Jedes Mal, wenn ich auf die Straße trat, flüsterte ich leise ins Leere: „Wo bist du – wo bist du und von wo aus schaust du mir zu?"

„Er macht mich kaputt, ich werde verrückt, ich habe Wahnvorstellungen!" Ich fühlte mich sehr schlecht und zog mich immer mehr in mein Schneckenhaus zurück. Ich ging nur noch aus dem Haus, weil ich es musste, und nicht mehr, weil es mir Spaß machte. *Er* hatte mich wie eine Marionette an seidenen Fäden hängen und so fühlte ich mich auch, ferngesteuert und machtlos. Ich habe Jahre später in einem Buch gelesen, dass Stalker sich durch das Verhalten der Opfer oft gedemütigt und selbst als Opfer sehen, weil sie das Verhalten des wahren Opfers falsch deuten. Auch wenn man glaubt, dem Stalker entgegenzukommen, und denkt, das einzig Richtige zu tun, so wird der Stalker in dem Handeln des Opfers immer eine Verletzung, Demütigung oder Enttäuschung sehen.
Somit war auch die Aktion „Änderung meiner Arbeitszeiten" wirkungslos. Marco F. riss die Macht wieder an sich, indem *er* mir einfach zeigte, dass alles umsonst war. Egal, was ich tat, *er* machte unbeirrt weiter und zog die Fäden. Insgeheim hatte *er* sich wohl ins Fäustchen gelacht, dass diese dumme Neunzehnjährige und ihre ebenso gutgläubigen Eltern seinen Forderungen auch noch Folge leisteten. Er beherrschte das Spiel mit der Angst meisterlich.

Ich erfuhr irgendwann, dass meine Anzeigen bei den Carabinieri doch zu etwas nutze gewesen waren: Marco F. erhielt eine einstweilige Verfügung, dass er nicht mehr mit der Seilbahn und dem Kleinbus fahren durfte. Daran hielt er sich anscheinend auch, dachte ich. Dass die Verfügung für ihn das Papier nicht wert war, auf dem sie geschrieben stand, stellte sich wenige Wochen später heraus.

Swarowski als Entschuldigung

Der 5. Mai 2000 war ein strahlender Frühlingsmorgen. Die Sonne schien durch das Fenster in die Küche, wo ich frühstückte. Das Pendeln zur Arbeit brachte es mit sich, dass mein Tag sehr früh begann. Bereits um 6 Uhr hieß es raus aus den Federn.
Das frühe Aufstehen war ich mittlerweile gewohnt. Es gab weit schlimmere Probleme. Noch immer hatte ich an der Geschichte mit Marco F. zu knabbern, die Angst durchdrang mein Leben wie schleichendes Gift, wenn ich mir dessen damals auch selbst noch nicht bewusst war. Für meine Freunde war die Sache abgeschlossen, als ich nicht mehr davon erzählte. Ich hatte sowieso das Gefühl, sie damit nur zu nerven, sie waren jung und unbeschwert und sollten es auch bleiben. Ich traute dem Frieden nicht, denn am Platz in der Seilbahn, an dem ich öfters stand, war im Fensterbrett eingeritzt „Martina, jemand denkt oft an dich!“ – *er* war also doch irgendwann wieder in der Bahn gewesen.

Ich hatte noch immer große Angst vor fremden Menschen. So jagten mir beispielsweise Männer mit Glatze panische Angst ein. Ich wechselte die Straßenseite, wenn mir jemand suspekt vorkam, und das geschah oft, ich sah überall Bedrohung und ständig schienen mich Menschen zu beobachten. Nachts konnte ich noch immer kaum schlafen. Auch das Verständnis meines Freundes Lorenz schien zu bröckeln. Immer häufiger stritten wir uns, ich zog mich zurück. Immer öfter war ich krank und ging am Wochenende nicht mehr mit den anderen aus. Meine Freundinnen versuchten zwar, mich zu gemeinsamen Unternehmungen zu überreden, aber ich wollte nicht mehr mit ihnen mitgehen. Ich blieb zu Hause und sonderte mich ab. Ich konnte nicht aufhören nachzudenken, was als Nächstes kommen würde. Ich wollte gewappnet sein und *ihm* keine unnötige Angriffsfläche bieten.

Die Möglichkeiten für Marco F. waren vielfältig, seiner Phantasie waren kaum Grenzen gesetzt, als Nächstes konnte alles und nichts kommen. Ich wollte nicht mehr sichtbar sein und wollte meine Freunde auf keinen Fall auch zu *seiner* Zielscheibe werden lassen. Ausgelassen sein – das konnte ich nicht mehr. Die Aussicht auf das nahe Wochenende ließ mich stets kalt, auch weil ich inzwischen körperlich mehr als geschwächt und müde war.
An jenem 5. Mai riss ich mich von meinen trüben Gedanken los und nahm auf dem Weg zur Haustür meine Handtasche, in der sich auch mein Mittagessen befand. Ich konnte noch immer nicht mittags in eine Bar gehen. Ich wollte nicht, dass mir fremde Menschen gegenüber saßen und mich möglicherweise auch noch ansahen. Ich wollte nur noch unsichtbar sein. Ich fühlte mich ständig von allen und überall beobachtet.
Ich öffnete die Haustür, um in den Tag zu starten – und erschrak. „Was soll das jetzt?“ Ein kleines weißes Päckchen baumelte an der Türklinke. Daran hing ein Zettel: „Für M. T. ES TUT MIR LEID, WAS GESCHEHEN IST. ENTSCHULDIGE.“
Hastig blickte ich auf und ließ meinen Blick herumschweifen. Es war niemand zu sehen und doch beobachtete *er* mich wahrscheinlich in diesem Moment. Mein Herz begann zu flattern, ein Gefühl, das mich in letzter Zeit öfters ereilte; eine innere Unruhe stieg in mir hoch, was mich jetzt wohl erwarten würde. Ich griff vorsichtig nach dem Paket, als wäre es eine tickende Bombe. Nach dem ersten Schock riss ich hastig das Papier auseinander und öffnete das Etui, zum Vorschein kam eine silberne Halskette mit einem großen Swarowski-Stein als Anhänger.
Ich hasste das Schmuckstück vom ersten Augenblick an. „Du Feigling, komm raus und zeig dich, sag mir ins Gesicht, was du denkst, ich hasse dich!“, schoss es in mir hoch, am liebsten hätte ich es laut rausgeschrien und mich von dem ganzen aufgestauten Frust befreit. Wenn ich *ihn* in diesem Moment erwischt hätte – ach gar nichts

– ich hätte wahrscheinlich nichts gemacht. Ich resignierte, ich konnte mich nicht mehr wehren, es war zu spät, zu tief war ich schon in die Sache hineingeraten.
War es denn immer noch nicht vorbei? In diesem Moment hasste ich Marco F. so sehr, dass ich *ihm* die Kette ins Gesicht hätte schleudern können. Was fiel *ihm* ein, einfach über unseren Gartenzaun zu steigen und unser Grundstück zu betreten? Und abgesehen davon: Was wollte *er* mit diesem Geschenk bezwecken? Glaubte *er* wirklich, ich würde mich dafür auch noch bei *ihm* bedanken und *seine* Entschuldigung annehmen? Ich glaubte *ihm* kein Wort mehr! Das, was geschehen war, war mit keinem Geschenk und keinem „Tut mir leid" mehr gut zu machen.
„Siehst du mich gerade weinen und zittern, du Arschloch?", fragte ich *ihn* lautlos. Ich musste zur Arbeit, auch wenn die Angst, *ihm* zu begegnen, wieder allgegenwärtig war. Wortlos übergab ich die Kette meiner Mutter, die verblüfft neben mir stand. Ich nahm meine Tasche und verließ das Haus. Ich war schon viel zu spät dran. *Er* hatte es wieder mal geschafft, mir den Tag gänzlich zu versauen und mich dazu gebracht, der Realität erneut ins Auge sehen zu müssen.

„Er glaubt doch nicht, dass sich die ganze Sache mit einer Kette von selbst erledigt hat! Was macht er hier?", fuhr es mir am darauf folgenden Abend durch den Kopf, als ich Marco F. bereits von weitem erstmals wieder an der Seilbahnstation in Bozen sah. Ich kochte vor Wut. Tagsüber schaukelten sich in mir Emotionen hoch, die ich an niemandem auslassen konnte. Oft genug wurden abends dann meine Eltern der Mülleimer für meine schrecklichen Gedanken und Gefühle. *Ihn* hätte ich fertigmachen müssen, nur *ihn*. Der monatelange Terror, den *er* verursacht hatte, der ganze Aufruhr – und nun fuhr dieser Typ wieder seelenruhig mit der Bahn, nachdem *er* eine für mich völlig wertlose Kette heimlich an unsere Haustür gehängt hatte. Ging *er* tatsächlich davon aus, dass nun alles wieder in bester Ordnung sei? *Er* musste Wahnvorstellungen haben, ich fragte mich immer wieder, was in diesem verfluchten Kopf vor sich gehen musste. Wann kam *er* denn zur Vernunft, was musste noch geschehen, verdammt?

In der Seilbahn hielt ich mich stets in sicherem Abstand hinter anderen Menschen von *ihm* fern. Im Kleinbus setzte ich mich so weit entfernt wie möglich auf einen Platz und blickte demonstrativ aus dem Fenster. Ich sah *ihn* aber trotzdem im Spiegelbild, und es beruhigte mich zu sehen, wo *er* war und was *er* tat. Natürlich starrte *er* ständig zu mir her, wohl in der Hoffnung, dass ich *ihm* mit einem Zeichen oder einem Blick signalisieren würde, dass ich *seine* Entschuldigung angenommen hatte.

„Darauf kannst du lange warten!“, dachte ich wütend. Leider hatte ich nie den Mut, *ihm* vor all den Leuten ins Gesicht zu schreien, wie sehr *er* mich anwiderte. Nichts hätte ich mir mehr gewünscht als dieses Tröpfchen Courage, das mich das hätte tun lassen.

Als der Kleinbus in die Endstation einbog, erspähte ich sofort meine Mutter, die bereits auf mich wartete, um mich sicher nach Hause zu begleiten. Wann immer sie die Zeit fand, holte sie mich ab, auch wenn *er* es verboten hatte. „Gott sei Dank, sie ist da …“, überkam es mich jeden Abend erleichtert. Im Augenwinkel sah ich, dass Marco F. wie immer als einer der Ersten ausstieg und hastig davonlief. Wohl um sich Vorsprung zu verschaffen, um mich von *seinem* Versteck aus weiter beobachten zu können.

„Alles in Ordnung?“, begrüßte mich meine Mutter erleichtert, als sie mich sah. Ich nickte, aber noch immer ertappte ich mich selbst dabei, wie ich versuchte, den augenblicklichen Standort von Marco F. auszuloten.

Er stand am Durchgang zu unserem Heimweg. „Komm, wir gehen an *ihm* vorbei, ohne *ihn* zu beachten“, sagte meine Mutter kurz entschlossen und schob mich in die richtige Richtung.

Er fixierte uns beide, als wir immer näher kamen und mir schien, als bebte die Erde unter meinen Füßen. Dabei war ich es, die bebte.

„Wir wollen keine Geschenke von Ihnen. Sie können sich Ihre Kette bei den Carabinieri abholen!“, stieß meine Mutter laut und wütend hervor, als wir an *ihm* vorbeigingen. So hatte ich sie noch nie erlebt. Ich bemerkte, wie sich augenblicklich sein düsteres Gesicht verzog und wie er meine Mutter hasserfüllt anstarrte.

Er war provoziert worden, das konnte *er* nicht auf sich sitzen lassen.

„Stia attenta signora, se no Le metto le mani adosso!“, schrie *er* bissig und zeigte wütend auf meine Mutter. Dies war das erste Mal, dass *er* uns drohte, handgreiflich zu werden. Mir lief es eiskalt den Rücken runter. „Oh mein Gott, was wird uns alle noch erwarten?“, dachte ich.

Meine Mutter nahm meine Hand und zerrte mich weiter. Wir waren beide zu verdattert, zu eingeschüchtert, um auf *seine* Worte zu reagieren.

Zu Hause, in unseren sicheren vier Wänden, schlug unsere stumme Überraschung und Angst in Ärger um. Meine Mutter brachte am nächsten Morgen die Kette samt Verpackung und Zettel zur Carabinieri-Station. Sollten sie die Kette doch an Marco F. zurückgeben, zu den Akten legen oder selbst behalten! Ich wollte keine Geschenke von Marco F. und ich wollte, dass *er* auf jeden Fall wusste, dass ich *sein* Geschenk nicht angenommen hatte. *Er* sollte die Ablehnung spüren, auch wenn ich ahnte, dass *ihn* das rasend machen würde. Für *ihn* war dies vielleicht die Herausforderung zum nächsten Schlag gegen mich.

Zusätzlich erstattete meine Mutter eine Anzeige gegen *ihn* aufgrund seiner Drohung ihr gegenüber. Dabei wusste sie natürlich, dass wir uns dadurch keinen Schutz erhoffen konnten. *Er* hatte zwar mit Handgreiflichkeiten gedroht, aber leider konnte erst dann gerichtlich gegen *ihn* vorgegangen werden, sobald *er* diese Drohung wahr gemacht hatte. Und da konnte es dann bereits zu spät für uns sein.

Die Folgen der Ablehnung seines Geschenkes sollten uns zeigen, wie trügerisch unsere Hoffnung auf etwas Ruhe gewesen war. Marco F. schien nun erst recht zur Hochform aufzulaufen.

Am selben Abend bereits schellte unser Telefon erneut. Ich nahm den Hörer ab. „Gib mir deine Mutter", verlangte eine Männerstimme barsch. Warum warf ich *ihm* in diesem Augenblick nicht jedes Schimpfwort an den Kopf, das mir in jenem Moment einfiel? Ich war wohl immer noch zu gut erzogen und ich wollte die Chance nicht verpassen, *ihn* zum Sprechen zu bringen, wenn *er* es endlich wieder einmal für angebracht hielt. Wortlos deutete ich meiner Mutter näher zu kommen. Das Klingeln des Telefons hatte sie bereits in den Flur gelockt. Angespannt nahm sie den Hörer in die Hand und presste ihr Ohr gegen die Muschel.

Währenddessen schlug ich flink das Telefonbuch auf und durchforstete mit mittlerweile geübtem Blick die Seiten, um die am Display angezeigte neue Telefonnummer zu finden. Schließlich blieben meine Augen an einer Nummer hängen. Es war diesmal eine andere Nummer als die uns bereits bekannte. *Er* war wieder in einer Pension, allerdings in einer anderen als vorher. Schließlich legte meine Mutter den Hörer wieder auf. Sie hatte kaum geantwortet und bis heute weiß ich nicht, was Marco F. ihr damals gesagt hat. Ich bohrte auch nicht nach, es war so schon schwer genug für uns alle.

Am nächsten Tag erfuhren wir von unseren Nachbarn, dass *er* an diesem Abend auch bei ihnen angerufen hatte, um sich über meinen Freund zu erkundigen. Marco F. gab sich bei unseren Bekannten und den Dorfbewohnern als Beamter der Carabinieri aus, um Erkundigungen über uns einzuholen. Glücklicherweise durchschauten mittlerweile viele sein falsches Spiel. *Er* hatte ja selbst dafür gesorgt, dass viele Menschen in meinem Umfeld über *ihn* Bescheid wussten. Falls sie *ihm* überhaupt Auskunft gaben, dann nicht die richtige. Unser Nachbar log *ihm* vor, dass mein

Freund ein großer durchtrainierter Hockeyspieler sei, der, ohne mit der Wimper zu zucken, auch mal Schläge austeilte. Damit gab sich Marco F. fürs erste zufrieden, denn *er* rief ihn nicht mehr an.
Dabei hatte Marco F. bereits andere Anlaufstationen für seine Recherchen gefunden und sich auch lange genug auf die Lauer gelegt, um sämtliche Details über mich und meine Familie zu erfahren. *Er* wusste mehr, als ich annahm. *Er* kniete sich tiefer in die Geschichte hinein, als wir ursprünglich vermuteten. Und es schien nun, als seien alle Dämme gebrochen. Denn das Telefon schellte ununterbrochen, morgens, abends, nachts, einfach immer. Marco F. war zur tickenden Zeitbombe geworden.

„Reißen wir doch einfach den Stecker des Telefons heraus“, schrie ich eines Tages, genervt von dem ewigen Läuten des Telefons, meinen Vater an. „Ich halte das einfach nicht mehr aus!“ Die Tränen rannen über meine Wangen. Doch mein Vater ließ das nicht zu. „Was soll dann passieren, wenn was mit deinen Großeltern ist und sie uns im Notfall telefonisch nicht erreichen können?“, gab er gereizt zurück. Auch von einer neuen Telefonnummer für uns hielten meine Eltern nichts. Zu groß erschien ihnen das Risiko, dass meine Großmutter sich die neue Nummer nicht mehr merken konnte und uns im Notfall nicht erreichen würde. Das Wohl und die Sicherheit meiner Großeltern gingen in jedem Fall vor. Wahrscheinlich wollten meine Eltern auch nicht akzeptieren, dass uns ein Fremder zu einer solchen Änderung, wie dem Aufgeben der bisherigen Telefonnummer, zwang. Dieser Eingriff in unser Familienleben ging einfach allen zu weit.
Wahrscheinlich hätten wir dadurch sowieso nur eine kurze Verschnaufpause erreicht. Gewieft, wie Marco F. war, hätte er im Handumdrehen die neue Nummer herausgefunden.

Der Leidensweg eines Stalkers zum Nachlesen

Das Telefon im Büro läutete. Erstaunt vernahm ich die Stimme meiner Mutter am anderen Ende. Was war denn jetzt schon wieder passiert? Sie hatte mich bisher noch nie im Büro angerufen. Ich klappte innerlich schon wieder zusammen, denn ich wusste, der Anruf bedeutete nichts Gutes.

„Geh runter in den Zeitschriftenladen und kauf dir die heutige Tageszeitung.“ Meine Mutter war kurz angebunden.

„Okay, aber warum?“, fragte ich neugierig.

„Kauf sie dir. Bei uns im Dorf ist sie bereits ausverkauft, wir hören uns später.“ Dann legte sie auf.

Seltsam, was meinte sie damit? Ich vertiefte mich wieder in meine Arbeit und schob erst mal in den Hintergrund, was mir meine Mutter aufgetragen hatte.

Gegen Mittag verließ ich das Büro und trat in den hellen Sonnenschein hinaus. Es war der 14. Juni 2000, ein strahlender Sommertag. Aber ich nahm die warme Sonne gar nicht mehr wahr; mich fröstelte, wenn ich daran dachte, was mich nun wohl erwarten wollte. Mit Sicherheit nichts Gutes!

Um die Ecke gab es einen Zeitschriftenladen, ich zwang mich hineinzugehen. Als ich die Titelseite sah, setzte mein Herzschlag für einen Augenblick aus und die Tränen schossen mir in die Augen. Das durfte doch nicht wahr sein! „Ist ein harmloser Brief eine Belästigung? Die Geschichte des Marco F.“, stand dort in großen Lettern – passend mit einem Bild der Seilbahn gestaltet.

Zitternd reichte ich der Verkäuferin ein paar Münzen, nahm die Zeitung an mich und blätterte hastig auf Seite 2. Es war mir unmöglich, jedes Wort einzeln zu lesen, ich überflog den Artikel hastig. „Die Geschichte muss herzzerreißend sein für jene Leser, die die Wahrheit nicht kennen", ging es mir durch den Kopf, während ich gegen die Tränen kämpfte. Verständnisvoll erzählte der Journalist den Leidensweg des Marco F. Ein 46-jähriger Mann, psychisch labil, der Zuflucht in einem ruhigen Bergdorf gesucht hatte, wurde dort von einem zwanzigjährigen Mädchen belästigt. Das Mädchen bedrohte, beleidigte und verfolgte ihn seit längerem, um seinen jugendlichen Drang nach Zerstörung an ihm auszulassen. Es hätte nun auch noch geschafft, dass er, Marco F., das unschuldige Opfer, von seinem Aufenthaltsort ausgewiesen wurde und sich dort nicht mehr aufhalten durfte.

„Das darf doch nicht wahr sein!", dachte ich verzweifelt. Der Journalist hatte doch tatsächlich meine Geschichte beschrieben – allerdings aus der Sicht des Marco F. Ich schluckte und lehnte mich an eine Straßenlaterne. Meine Welt stand still, während sich alles um mich herum drehte, als würde ich ohnmächtig werden. Ich wollte zusammensinken und liegen bleiben, ich hatte keine Kraft mehr. Diese leidige Geschichte war nun nicht mehr im engen kleinen Kreis bekannt, sondern Marco F. hatte sie mit diesem Schritt öffentlich gemacht. Alle konnten nun den Bericht über den armen kranken Mann lesen, der alles wegen einer Zwanzigjährigen verloren hatte. Das Mädchen hatte nichts Besseres zu tun, als ältere Männer zu belästigen, die sie nicht einmal kannte.
Sogar seine Anwältin nahm im Artikel Stellung. Sie wusste von zwei Briefen, die Marco F. dem Mädchen geschrieben hatte. Es gebe in den Briefen keinen Hinweis auf Bedrohungen und keinerlei vulgäre Ausdrücke, so ihr Tenor. Also alles in allem ein harmloses Stück Papier! Denn listigerweise hatte Marco F. nicht überall gelogen. Dass es diese beiden Briefe gab und *er* diese geschrieben hatte, konnte leicht nachvollzogen werden: Die Briefe lagen zusammen mit meinen Anzeigen gegen Marco F. bei

den Carabinieri auf und waren somit leicht nachzuweisen und deshalb verschwieg *er* sie nicht.
Marco F. – das Opfer, nun ohne Wohnsitz und ohne Zukunft. Und ein junges Mädchen war schuld daran. Dazu kamen eine Anwältin und ein Journalist, die diesen Unsinn glaubten. Was für eine Welt tat sich da auf! Ich war völlig verzweifelt, keiner würde mir mehr glauben, wenn ich meine Version der bisher wohl gehüteten Geschichte nun erzählen würde.
Je genauer ich den Artikel nun las, desto mehr platzte mir der Kragen. Das ging ja auf keine Hutschnur mehr! Wie hatte *er* es geschafft, die Fakten so geschickt zu verdrehen, und wie hatte *er* die ungeteilte Aufmerksamkeit eines staatlich geprüften Journalisten erreicht? Wie hatte *er* es geschafft, den Journalisten zu diesem Artikel zu bewegen? Und was dachte sich seine Anwältin? *Seine* Anwältin – ich war nicht so weit gegangen, mir Hilfe bei einem Anwalt zu suchen, weil man mir immer sagte, er könne eh nichts erreichen. Ich war immer diejenige, die alles geschehen lassen und hinnehmen musste – *er* hingegen hatte eine Anwältin!

Ich kämpfte gegen die Wut, die Verzweiflung und die Tränen an, denn die Arbeit wartete. Es gelang mir nicht. Völlig verheult kam ich ins Büro zurück und zeigte die Zeitung meinen Arbeitskollegen. Sie erschraken bei meinem Anblick; den Grund dafür hielt ich in den Händen, es bedurfte keiner weiteren Erklärung. Vor wenigen Minuten war ich noch einfach die junge Arbeitskollegin gewesen, nun war ich plötzlich auf der Titelseite einer Tageszeitung.
„Martina, du musst dich dagegen wehren!“, empörte sich mein Arbeitskollege. „Ich kenne da jemanden von einer anderen Zeitung, der darüber schreiben kann, wie die ganze Geschichte wirklich abgelaufen ist.“
„Ich muss hier raus, es ist zu viel!“, stieß ich hervor und rannte die Treppen hinunter. Im Freien atmete ich tief durch. Der Boden unter meinen Füßen wankte. Ich und

Titelseite! Mit dieser kranken Geschichte. Was sollte ich nun bloß tun? Keiner würde mir glauben. Wer konnte mir helfen und welcher war der nächste Schritt, den ich tun musste?
Ich holte tief Luft, langsam ging ich wieder ins Büro zurück. Meine Knie zitterten noch immer, einen Entschluss fassen konnte ich nicht. „Zuerst rede ich mit meiner Mutter, bevor ich irgendetwas unternehme!“ Mit diesem Gedanken versuchte ich mich zu trösten. Jetzt brauchte ich dringend eine vertraute Stimme, einen Menschen, der die Geschichte von Anfang an kannte.
Erwartungsvoll blickte mich mein Arbeitskollege an, als ich zurückkam. „Ich habe soeben mit meinem Bekannten von der Zeitung telefoniert. Er war sofort interessiert!“, sprudelte es aus ihm hervor. Das glaube ich gerne – ging es mir durch den Kopf –, „sensationsgeil“ nannte man das wohl.
„Du kannst ihn jederzeit anrufen und ihm alles erzählen, damit er eine Gegendarstellung schreiben kann“, fuhr er fort.
Natürlich war das alles ein gefundenes Fressen für jeden Journalisten – und für mich die Hölle. „Danke, ich werde es mir überlegen“, wehrte ich schwach ab, als er mir das Post-It mit der Telefonnummer des Journalisten in die Hand drückte. In welcher Welt war ich um Gottes Willen bloß gelandet! Das konnte doch alles nicht wahr sein!

Ich nahm den Rest des Tages frei und fuhr nach Hause. Freunde und Bekannte, die die Tatsachen kannten, rannten meiner Mutter währenddessen die Haustür ein, denn selbstverständlich hatte jeder Dorfbewohner bereits den Artikel gelesen oder davon gehört. Ja, es gab tatsächlich in der gesamten Umgebung keine Ausgabe dieser Zeitung mehr. Ich war zur Sensation des Tages geworden. Hass auf den Journalisten, der diese mitleiderregende, aber so falsche und verdrehte Geschichte geschrieben hatte, stieg in mir empor.

Veröffentlicht am 14. Juni 2000

Ist ein harmloser Brief eine Belästigung?
Die Geschichte des Marco F.

Foglio di via
Ein Mensch mit psychischen Problemen findet in einem Dorf auf 1.200 m Meereshöhe zu seinem Gleichgewicht zurück. Plötzlich wird er beschuldigt, ein Mädchen zu belästigen. Der Grund: Er hat dem Mädchen einen absolut harmlosen Brief geschrieben. Ohne Anhörung wird er deshalb von den Carabinieri der Gemeinde verwiesen. Die Geschichte des Marco F.

Marco senkt die Augen und legt beide Hände über sein Gesicht. So, als wolle er sich wachrütteln aus einem schlechten Traum. „Wenn ich etwas getan hätte, dann würde ich es noch verstehen“, sagt er mit dünner Stimme, „aber so“. Der Mann, der am Tisch sitzt, ist in diesem Moment die personifizierte Fassungslosigkeit. „Wenn die wüssten, was sie mir durch diese Sache angetan haben“, setzt er zu einem Satz an, der wortlos wird und in einem langsamen Kopfschütteln endet.
Erst Minuten später fängt sich Marco wieder. „Nein, ich werde das so nicht schlucken“, sagt er wieder mit Kraft in der Stimme. Er will alles tun, um auf die Ungerechtigkeit aufmerksam zu machen. „Den Schaden, den man mir zugefügt hat, macht das zwar nicht mehr gut“, ist er ganz Realist, „aber mir geht es ums Prinzip.“
Die Geschichte des Bozners Marco F. ist eine Südtiroler Behördengeschichte. Sie ist ein Paradebeispiel, wie man einen Menschen, der sich nicht wahren kann, beschuldigt und verurteilt, ihm keine Chance auf Erwiderung gibt. Ein Fallbeispiel, wie man sich überhaupt nicht um die Folgen der eigenen Handlungsweise schert, sondern nur darauf achtet, schnell und unbürokratisch einen „Fall“

zu erledigen. Dabei geht man den einfachsten Weg: Man „entsorgt“ das schwächste Glied in der sozialen Kette.

Marco F. ist Mitte Vierzig und Zivilinvalide. Er ist psychisch krank, er war jahrelang stark autoaggressiv und konnte und wollte so nicht mehr von seinen Eltern versorgt werden. In Absprache mit den behandelnden Ärzten zog Marco aus Bozen weg. Die F.s hatten bereits einmal zehn Jahre lang im Dorf gewohnt, und Marco hatte dort den deutschen Kindergarten und die Volksschule besucht. Deshalb zog er jetzt wiederum dorthin. Dort wohnte er in Hotels, Garnien und zuletzt in einer kleinen Ferienwohnung. Das Land zahlte ihm einen Grundbetrag für die Miete, den Rest verdiente er sich selbst durch seine Arbeit in einer Bozner Genossenschaft dazu.

„Der Herr F. ist richtig aufgeblüht“, beschriebt H. S. vom Sozialdienst, der Marco F. seit mehreren Jahren betreut, die Stimmung seines Schützlings, „es hat in den zwei Jahren, die er dort gewohnt hat, kein einziges Problem gegeben.“

Bis zum 22. Mai 2000. An diesem Sonntag gegen 20 Uhr klopfte der Kommandant der Carabinieri und ein zweiter Carabiniere, mit Maschinengewehr bewaffnet, an F.s Wohnungstür. Dem verdutzten Mieter wurde ein Blatt zur Unterschrift vorgelegt. Es war das sogenannte „foglio di via“.

Marco F. musste am nächsten Tag das Bergdorf verlassen, und durfte vorläufig für ein Jahr nicht mehr dorthin zurückkehren. Der Grund: „Belästigung einer Person“. Zudem wurde ein Strafverfahren mit demselben Anklagepunkt gegen ihn eröffnet.

„Ich habe mich wohlgefühlt“, sagt Marco nachdenklich. Täglich fuhr er mit dem Kleinbus und dann mit der Seilbahn in die Stadt, wo er zur Arbeit ging. Am Abend denselben Weg zurück. Soziale Kontakte im Dorf hatte er keine. „Ich bin eher menschenscheu und introvertiert“,

sagt er selbst von sich. Der Einzelgänger fiel zwei Jahre lang nie unangenehm auf.
Bis zum vergangenen Winter war die Welt des Marco F. in Ordnung. „Ich habe das Mädchen im vergangenen Dezember das erste Mal wahrgenommen", erinnert er sich heute. Auf seinen Fahrten setzte sich eine 20jährige täglich gegenüber und begann ihn anzustarren und zu fixieren. F. wurde dieses tägliche Spiel zu viel, er versuchte, immer wieder Platz zu wechseln. Aber das Mädchen folgte ihm.
Das Ganze ging bis zum 20. Jänner. „Ich schrieb ihr dann auf einen Zettel vier, fünf Zeilen", sagte Marco F., „und ließ ihr den Zettel durch den Schaffner geben." In den vier Zeilen die Aufforderung, das Spiel bleiben zu lassen und, wenn schon, mit ihm zu reden.
Weil das Mädchen dennoch ihr Verhalten nicht geändert hat, ging ihr Marco F. eines Tages nach, um zu sehen, wo sie wohnt. Wenig später schrieb er ihr einen Brief. „Einen Brief, wie man ihn unter Freunden schreibt", sagt er über den Inhalt, „ich habe weder etwas gefordert noch gedroht oder irgendwelche bösen Worte gebraucht."
Der Zettel mit den fünf Zeilen und der Brief liegen inzwischen in den Ermittlungsakten gegen Marco F. Seine Anwältin M. D.: „Der Brief enthält weder etwas Drohendes noch eine Beleidigung oder etwas Vulgäres." Für sie ist es ein völlig harmloser Brief. „Es kommt darin keine einzige Anzüglichkeit vor", sagt die Anwältin, „er hat nicht einmal geschrieben, du gefällst mir oder sonst etwas."
Marco F. hat die Worte im Brief bewusst gewählt. „Ich bin vor allem bei Frauen sehr gehemmt", sagt er offen, „und ich wollte ihr nur ein paar allgemeine Ratschläge für ihr Leben erteilen." Die Folgen waren fatal. Als das Mädchen in den nächsten Tagen plötzlich absolut feindselig reagiert, ruft sie F. an. Er glaubt, sie sei wegen des Briefes beleidigt und will sich entschuldigen. Dazu kommt er aber nicht, denn die junge Dame beschimpft ihn am Telefon aufs Gröbste. Am nächsten Tag wird Marco F.

zudem auf der Straße von den Eltern und dem Bruder des Mädchens beschimpft. Sie eröffnen ihm, Anzeige bei den Carabinieri zu erstatten.
„Obwohl ich mir nichts zuschulden habe kommen lassen, wollte ich die Situation entspannen", sagt Marco F. Er fuhr deshalb eineinhalb Monate nicht mehr mit dem Kleinbus und der Seilbahn, sondern mit einer Arbeitskollegin im Auto nach Bozen. Als er danach wieder mit dem Kleinbus fährt, kommen die Carabinieri in seine Wohnung. Sie weisen Marco F. aus. Ohne ihn auch nur einmal gehört zu haben.

„Die Verordnung hat der Quästor ausgestellt, nicht wir", wäscht sich O. C., Chef der Carabinieri vom Dorf, im Nachhinein die Hände in Unschuld. Auf die Frage, ob das Vorgehen nicht zu drastisch sei, hat er eine Standardantwort parat: „Ich muss darauf schauen, dass das Gesetz eingehalten wird, nicht mehr und nicht weniger."
Im Bericht der Carabinieri an die Bozner Quästur allerdings wird diese Regel nicht ganz eingehalten. Die Carabinieri erklären, Marco F. sei „ohne festen Wohnsitz" und „vagabundiere herum". Diese Angabe dürfte einer der Hauptgründe für die harte Entscheidung der Bozner Quästur gewesen sein.
Dabei hat F. nachweislich zwei Jahre lang eine fixe Bleibe im Bergdorf. Kopien der Rechnung seiner Hotelzimmer und Ferienwohnungen liegen beim Land, das einen Teil davon bezahlt hat. „Das Ganze ist eine absurde Geschichte", sagt die Anwältin M. D., „bei der es nur ein Opfer gibt – Marco F."

Die persönlichen Folgen dieser Geschichte sind für Marco F. fatal. Nach seiner Ausweisung aus der Gemeinde steht er auf der Straße. Er hat über Nacht keine Bleibe mehr. Er bekommt einen psychischen Rückfall. Muss wieder für zehn Tage in die Psychiatrie. Zudem verliert er seine Arbeit. Finanziell steht er vor dem Ruin. Dabei muss er

noch bis zum 20. Juni die Ferienwohnung zahlen. Derzeit lebt er auf einem Hof in Ala. „Man hat mir alles kaputt gemacht", sagt er jetzt voller Verbitterung.
Trotzdem will Marco F. jetzt noch um sein Recht kämpfen: „Nicht ich habe etwas getan, sondern mir hat man etwas angetan."

Ich versuchte mich damit zu trösten, dass mich in diesem Artikel vielleicht nur wenige wiedererkennen würden. Aber mir war klar, dass ich etwas unternehmen musste. Der Artikel konnte nicht so stehen bleiben, ich fühlte mich so schlecht bei der ganzen Sache.
Ich berichtete meiner Mutter von dem Angebot, das mir mein Arbeitskollege vermittelt hatte. Schließlich beschlossen wir, dass ich eine Gegendarstellung in derselben Zeitung haben wollte, dieselbe Aufmachung, dieselbe Größe wie bei Marco F.s Artikel. Und ich wollte den Journalisten kennenlernen, der nur die eine Seite, nämlich Marco F.s Seite, recherchiert hatte und bei mir nicht einmal angeklopft hatte, um nachzufragen, ob sich diese unglaubliche Geschichte tatsächlich so zugetragen hatte.
Schien dem Journalisten die Tatsache, dass ein junges Mädchen nichts Besseres zu tun hatte, als einen alten, hässlichen Mann zu verfolgen, derart einleuchtend und logisch, dass er eine solch herzzerreißende Geschichte in ganzseitiger Aufmachung brachte, ohne sich zu fragen, was der Hintergrund dafür sein mochte?

Meine Finger zitterten, als ich die Nummer der Redaktion der Zeitung wählte, ich war fürchterlich aufgeregt, aber auch fest entschlossen, das Gespräch zu führen. Glücklicherweise konnte ich sofort mit dem Journalisten sprechen und erzählte ihm mit verheulter, emotionsgeladener Stimme meine Geschichte, und zwar unverfälscht und ohne ihn zu Wort kommen zu lassen. Ich war geladen wie eine Bombe vor der Explosion, alles musste raus.

Der Journalist hörte mir aufmerksam zu. „Frau T., es tut mir wirklich sehr leid, von dieser Seite habe ich die ganze Sache nie betrachtet, ich gebe zu ...“, er druckste noch ein wenig herum und lud mich schließlich für den nächsten Tag in die Redaktion ein.

Übrigens: Durch den Zeitungsartikel erfuhr ich zum ersten Mal, dass Marco F. aus meinem Heimatort ausgewiesen worden war. Die Behörden hatten es wohl nicht für notwendig befunden, mich darüber zu informieren, dass es wenigstens ein „halbwegs sicheres Plätzchen“ für mich geben sollte. Ich fühlte mich in gewisser Weise erleichtert, auch wenn ich wusste, dass dieser Abstand keine Garantie für mehr Sicherheit und Ruhe sein würde.

Mit meiner Mutter erschien ich am nächsten Tag in der Redaktion der Zeitung in Bozen: überfüllte Büroräume, stickige Luft in den Gängen, die uns entgegenschlug, und eine bedrückende Enge erwarteten uns. Ich war aufgeregt und wusste nicht, wie ich dem Journalisten gegenübertreten sollte: heulend, wütend, freundlich? Ich ließ es einfach auf mich zukommen, was sollte ich auch machen?
Den Journalisten, der die ganze Geschichte mit Marco F. öffentlich breitgetreten hatte, fanden wir in der hintersten Ecke der Redaktion. Sein Schreibtisch stand am Fenster. Er hatte lange dunkle Haare und einen dichten dunklen Bart. Seine Begrüßung war freundlich, aber sehr zurückhaltend. Er schien mir sehr verunsichert, das machte mir Mut. Ich hatte keine Ahnung, wie ich anfangen sollte, aber Zeit zum Überlegen blieb mir nicht, ich fiel einfach mit der Tür ins Haus.
„Wie konnten Sie eine solch verdrehte Geschichte schreiben?“, fuhr ich ihn wütend an. „Ich kann es nicht begreifen. Wissen Sie, was ich die letzten Monate wegen Marco F. durchgemacht habe?“ Ich zitterte und war außer mir vor Wut. Doch seine zurückhaltende Art wirkte beruhi-

gend auf mich. Auch meine Mutter deutete an, dass ich mich etwas zurückhalten sollte.
Der Journalist erzählte uns, dass er Marco F.s Sozialarbeiter bereits seit längerem kannte. Sie hatten sich auf dessen Wunsch in einer Bar in Bozen getroffen.
Es schien mir, als würde jeder Tag neue Überraschungen bereithalten. Marco F. hatte nicht nur eine Anwältin, nein, er hatte auch noch einen eigenen Sozialarbeiter! Na wunderbar! Und wer half mir? Immer und immer wieder hatte ich das Gefühl gewonnen und die Bestätigung erhalten, dass ständig ich als Opfer am kürzeren Hebel saß. Ich schluckte bittere Tränen hinunter. „Jetzt nicht weinen!“, befahl ich mir.
Der Journalist fuhr ruhig mit seiner Erklärung fort. Der Sozialarbeiter hatte sich von ihm einen Artikel über Marco F. gewünscht, um die Leser darauf aufmerksam zu machen, wie schlecht psychisch kranke Menschen in Südtirol behandelt würden. Der Journalist erfuhr bei dem Treffen, wie sehr das junge Mädchen den psychisch kranken Marco F. quälte und irritierte. Er war lange Zeit in psychiatrischer Behandlung gewesen, hatte anschließend wieder Arbeit in einer Obstgenossenschaft gefunden. Diese musste er nun wegen mir aufgeben und inzwischen war er auch noch aus seinem Wohnort ausgewiesen worden. Er hatte seine gewohnte Umgebung verloren und wusste nun nicht mehr weiter.
„Der Mann wirkte so niedergeschlagen und geknickt“, entschuldigte sich der Journalist. „Allerdings“, fügte er hinzu, „hat er mir während des ganzen Gesprächs nie in die Augen geschaut.“
„Natürlich nicht“, stieß ich hervor, „genau so ist er auch in der Bahn, er redet mit niemandem, er schaut niemanden an, er hat ja auch mit mir nie von Angesicht zu Angesicht gesprochen!“

Oh mein Gott, wie ich das hasste! War ich die Einzige, die glaubte, dass *er* Unrechtes tat? Mir spukte so vieles

im Kopf herum und mir fehlte die Luft in dem kleinen Büro. Mir war heiß und kalt und es schien mir, als wären tausend Augen und Ohren auf mich gerichtet. Ich fühlte mich beobachtet und ich schämte mich so. Ich hatte in letzter Zeit immer die Krallen ausgefahren, zur Sicherheit, denn ich hatte ständig das Gefühl, dass ich mich fortlaufend wehren, erklären und rechtfertigen musste.
Vor allem aber war es die unsagbare Angst, dass mich Marco F. zu jeder Tag- und Nachtzeit tätlich angreifen könnte. Und irgendwann hatte ich sogar zu überlegen begonnen, dass ein Übergriff seinerseits vielleicht die einzige Chance für mich bedeutete, dass mir endlich jemand helfen könnte. Ich war immer auf 180 und ständig angespannt. Ruhepausen gab es keine mehr. Vielleicht ab und zu noch im Büro, weil ich hoffte, wenigstens dort etwas Ruhe zu haben und ein wenig abgelenkt zu sein. Aber außerhalb des Büros und zu Hause brannte inzwischen die Luft. Ich war nirgends mehr sicher und mich quälte ständig die Angst, dass Marco F. meiner Familie oder meinen Freunden auflauern könnte.

Mir schien es trotz aller Erklärungsversuche unfassbar, dass ein so erfahrener Journalist dieses Lügengebilde glaubte! „Warum haben Sie so einseitig recherchiert?“, fragte ich wütend. „Warum haben Sie nicht nachgeforscht, wer diese junge Frau ist und warum sie angeblich diese unmenschlichen Dinge, von denen Ihnen Marco F. erzählt hat, gemacht hat?“
Der Journalist rührte sich nicht. Fast wirkte er hilflos. Ich war aufgewühlt und dann endlich kam die erlösende Aufforderung.
„Bitte, erzählen Sie doch Ihre Version der Geschichte, damit ich verstehen kann, wie es zu diesem bedauerlichen Fehler gekommen ist“, bat er dann mit leiser Stimme. Fast tat es mir nun leid, dass ich ihn angeschrien hatte. Er wirkte tatsächlich betroffen. Wahrscheinlich bereute er mittlerweile diesen fatalen Artikel.

Ich begann zu erzählen, zuerst leise und stockend, später wurde ich immer lauter. Ich erzählte jedes Detail, an das ich mich erinnern konnte, so als müsste ich beweisen, dass *meine* Geschichte die Wahrheit war. Ich heulte Rotz und Wasser. Meine Mutter bestätigte meine Aussagen immer wieder mit einem leisen Nicken oder kurzen Kommentaren. Der Journalist hörte betroffen und aufmerksam zu, machte sich Notizen, legte mir dann aber einen bereits vorgeschriebenen Artikel vor.
Anscheinend hatte er sich nach unserem Telefongespräch am Abend zuvor bereits Gedanken gemacht und diese aufgeschrieben. Ich wollte den Artikel nicht lesen, ich riss mich dann aber zusammen. Ich wollte ja eine Gegendarstellung. Ich las den Artikel, korrigierte und ergänzte ihn und legte ihn dann zur Seite. Mir war nicht wohl bei der ganzen Sache.
„Gib Marco F. keinen Grund, dass er sich noch mehr auf dich fixiert als bisher", dachte ich. „Provozier ihn nicht!" Dann wieder drängte mein Bewusstsein: „Zeig ihm, dass du dich wehren kannst!"

Ich wollte dem Journalisten das „Gut zum Druck" nicht geben. Ich wollte einfach nur noch gehen, denn ich war völlig hin- und hergerissen. Ich wollte von dieser ganzen unmöglichen Geschichte eigentlich nichts mehr wissen und hören. Und ganz bestimmt nichts mehr davon lesen.

Veröffentlicht am 16. Juni 2000

Fall Marco F.: Was sich wirklich abgespielt hat
"Ich hatte monatelang Angst"

Der Fall der Ausweisung des Marco F. hat sich absolut anders abgespielt, als von ihm dargestellt. Die Version der jungen Frau zeigt, wer wirklich Opfer und wer Täter ist.

„Ich will nur meine Ruhe", sagte die junge Frau, „denn ich habe monatelang aus Angst nicht mehr schlafen können." Ihre Mutter kann den Ärger kaum verbergen: „Wir haben gedacht, jetzt haben wir endlich wieder Ruhe und dann das."
Das „dann das" ist der Artikel „Foglio di via" (veröffentlicht am 14. Juni). Dort war die Geschichte des Marco F. dargestellt worden. Nach F.s Version, die von einem Sozialarbeiter und seiner Anwältin gestützt wird, wurde er völlig zu Unrecht aus seiner Wohngemeinde verwiesen. Er habe einem Mädchen zwei Briefe geschrieben und daraus habe man eine Belästigung konstruiert.
Der Ärger und das Entsetzen bei der jungen Frau und ihrer Familie ist verständlich. Denn F.s Sicht der Dinge, im Artikel wiedergegeben, ist in Wirklichkeit eine absolute Verdrehung der Tatsachen. F. hat die Täter- und Opfer-Rollen ganz einfach umgedreht. „Mir sind die Haare zu Berge gestanden", sagt der Beamte der Bozner Quästur, der die Ermittlungen gegen F. geleitet hat, „als ich diese Schilderung gelesen habe."
Marco F. hat nur einen kleinen Teil der Geschichte erzählt. Den ganzen Rest, der ihn selbst belastet und eindeutig der Belästigung der jungen Frau überführt, haben er und seine Anwältin wohlweislich weggelassen. Hört man sich die Geschichte aus dem Munde der jungen Frau an, so entsteht ein gänzlich anderes Bild.

Die junge Frau ist tatsächlich ab Dezember täglich mit der Seilbahn und dem Kleinbus gefahren. „Dass ich diesen Herrn fixiert habe, ist absolut absurd", sagt sie heute mit Verbitterung, „ich habe ihn anfänglich ja nicht einmal bemerkt." In Wirklichkeit hat nämlich er Interesse für die junge Frau entwickelt. Es stimmt zwar, dass er ihr zwei Briefe geschrieben hat, die absolut unbedenklich sind, doch dabei ist es nicht geblieben. „Wir waren wochenlang dem absoluten Psychoterror ausgesetzt", beschreibt die Mutter der jungen Frau die Situation im vergangenen Frühjahr. So wurde die junge Frau in der Nacht immer wieder angerufen. Mehrmals in der Nacht, auch gegen drei oder vier Uhr morgens schellte das Telefon. Die Anrufe zogen sich mit Unterbrechungen über Monate hin. Wochenlang wusste die junge Frau nicht einmal, wer der Mann ist, der sie anruft und ihr Briefe schreibt. Erst nachdem sie Marco F. direkt darauf ansprach, gab er sich zu erkennen.

F. holte sich zudem bei Nachbarn oder im Dorf telefonisch Informationen über die Frau und auch über ihren Freund ein. Dabei gab er sich abwechselnd als Carabinieri oder als Beamter des Jugendamtes aus. „Sie können sich vorstellen, was die Leute im Dorf über uns plötzlich gedacht haben", sagt die Mutter, „wenn da einer vom Jugendamt anruft."

Damit aber nicht genug: Eines Tages fuhr vor dem Haus der Familie das Weiße Kreuz mit Blaulicht und Sirene vor; läutete an der Wohnungstür und fragte die verdutzte junge Frau, wo der Schwerverletzte sei. Bei der Nachfrage in der Notrufzentrale stellte sich heraus, dass ein telefonischer Notruf eingegangen war und einen Notfall gemeldet hat. Der Anrufer hat sich mit dem Namen Marco F. gemeldet.

Routinemäßig werden bei Notfällen auch die Carabinieri verständigt. Deshalb fuhren wenig später die Carabinieri vom Nachbardorf vor. Am nächsten Tag erkundigte sich ein anonymer Anrufer bei den Nachbarn der Familie, ob

es einen Familienstreit gegeben hätte. Der Anrufer war wieder Marco F.
„Sie können sich vorstellen, was wir mitgemacht haben", sagt die junge Frau. Nach einigen Monaten wurde das Treiben der Familie zu bunt. Sie zeigten die Vorfälle bei den Carabinieri an. Zudem verständigten sie einen bekannten Inspektor bei der Bozner Quästur. Dieser identifizierte dann auch den Anrufer als Marco F. „Ich habe die Sache aus nächster Nähe miterlebt", sagt der Beamte zur Tageszeitung, „die junge Frau hat wochenlang die Hölle erlebt."
Sowohl die belästigte Frau wie auch ihre Mutter kennen F.s Masche: „Er gibt sich als armer Teufel aus und erntet überall Mitleid." Genau diese Masche hat dann auch bei der Presse gezogen.

Doch der Journalist hatte noch einen Trumpf im Ärmel. Er legte mir ein weiteres Blatt Papier mit der Überschrift „In eigener Sache: Auch Journalisten machen Fehler" vor. In diesem Text entschuldigte er sich für die einseitige Darstellung in der Ausgabe vom 14. Juni 2000. Was er schrieb, klang sehr einsichtig und ehrlich.

In eigener Sache:
Journalisten machen Fehler. Das gehört zum Geschäft. Solche Fehler, wie ich im Artikel „Foglio di via" gemacht habe, darf es aber nicht geben. Hier wurde der Täter zum Opfer gemacht und das Opfer zur Täterin. Hier wurden die Fakten und Tatsachen um 180 Grad verdreht. Hier wurde die Wahrheit des Marco F. geschrieben, die in Wirklichkeit keine ist.
Ich bin wie ein Anfänger auf die Geschichte des Herrn F. hereingefallen. Er hat sie gut präsentiert und „seine Fakten" wurden von seiner Anwältin und einem Sozialarbeiter bestätigt. Die Carabinieri wollten zum Fall nichts

sagen. Was ihr gutes Recht ist. So ist diese falsche Version zustande und in die Zeitung gekommen.
Die Verantwortung dafür habe allein ich zu tragen. Aus Eile, Bequemlichkeit und Selbstüberschätzung habe ich eine der Grundregeln des Journalismus sträflich außer Acht gelassen: Die Gegenrecherche bei der betroffenen Person. Mit einem Anruf bei der betroffenen Frau oder deren Familie hätte ich nicht nur die „andere Glocke" gehört, sondern F.s „Wahrheit" wäre auch als böswillige Chimäre enttarnt worden. Was sie in Wirklichkeit ist. So aber hat die Tageszeitung ein verdrehtes und verzerrtes Bild in der Öffentlichkeit gezeichnet und das Opfer einer Belästigung ein weiteres Mal verletzt. Dafür möchte ich mich bei der betroffenen Frau und ihrer Familie in aller Form und öffentlich entschuldigen.
D. S.

Wahrscheinlich hatte ich ihm, mit meiner Version der Geschichte, eine schlaflose Nacht bereitet.
Trotz anfänglicher Bedenken gab ich schließlich meine Einwilligung zum Abdruck der beiden Artikel. Allerdings erhob ich zur Auflage, dass dasselbe Foto, das beim ersten Artikel erschienen war, hier ebenfalls verwendet würde. Ich wollte, dass sich die Leute erinnerten, das Bild bereits gesehen zu haben. Dies konnte mir der Journalist allerdings nicht versprechen. Tatsächlich wurde das Foto dann viel kleiner als beim ersten Artikel auf der Titelseite abgedruckt.
Nun hatte sogar ich dazu beigetragen, dass die Geschichte immer weitere Kreise in der Öffentlichkeit zog. Ich schämte mich. Ich schämte mich für etwas, woran ich nicht schuld war und für das ich nichts konnte. Es war demütigend und verletzend, dass nun jeder Einblick in meine Geschichte nehmen konnte. Ich wartete ständig darauf, dass mich jemand schüttelte und mir sagte: „Wach auf, es war nur ein böser Traum!"

Bevor wir die Redaktion verließen, rang ich dem Journalisten noch ein Versprechen ab: Nie wieder würde die betreffende Zeitung Marco F. eine Plattform für seine kranken Ideen bieten. Der Redakteur versprach es mir bei der Verabschiedung mit einem festen Händedruck und ich vertraute ihm. Doch dieses Versprechen hielt nicht lange. Journalismus sei eben so, hat mir ein anderer Journalist einmal gesagt. Die einseitige Darstellung interessiere die Leser wesentlich mehr als eine ausgewogene Berichterstattung.

Am 27. Juni 2000, gerade mal zwei Wochen nach meiner Gegendarstellung, druckte die Zeitung einen Leserbrief von Marco F. ab.

Ich hatte mir nach dem Erscheinen der „Leidensgeschichte" von Marco F. geschworen, diese Zeitung niemals mehr zu lesen. Dass ich trotzdem von *seiner* erneuten Wortmeldung erfuhr, dafür sorgte Marco F. selbst. Vorsorglich trudelte zu Hause ein Brief ein, darin lag ein Zeitungsausschnitt mit besagtem Leserbrief aus der betreffenden Zeitung, Urheber Marco F.

Er sei niemals selbst zur Zeitung gegangen, um von seiner Geschichte zu berichten, so sein Kommentar. Trotz allem habe er nun unter dieser Geschichte und den beiden veröffentlichten Zeitungsartikeln zu leiden und wisse nicht einmal den Grund dafür, denn mit einem freundlichen Handschlag wäre alles aus der Welt zu schaffen gewesen. Hatten *ihm* meine Eltern dies nicht schon vor Monaten angeboten? Glaubte *er* denn das, was *er* da behauptete, eigentlich selbst noch, fragte ich mich verärgert. *Er* litt doch eindeutig unter massivem Realitätsverlust! War diesem Menschen noch zu helfen? Und Moment mal, war mir überhaupt noch zu helfen? Was musste noch kommen?

Ich ging langsam aber sicher vor die Hunde. Und nicht nur das, alle meine Beziehungen, meine Kontakte, mein Alltag bröckelten.

Auf diesen Leserbrief hin unternahm ich nichts mehr. Kein Anruf beim Journalisten der Zeitung. Diesmal würde der Kampf nicht mehr weitergehen. Ich wollte mich nicht mehr wehren, es hatte keinen Sinn, ich kapitulierte. Ich hatte schlicht und einfach keine Kraft mehr, wieder jemandem die gesamte Geschichte erklären zu müssen. Jeglicher Kampfgeist hatte mich verlassen, ich war schwach. Ich stand am Morgen nur noch auf in der Hoffnung, den Tag heil zu überstehen, und versuchte abends zu schlafen, so gut es ging. Ständig musste ich an Marco F. denken, immer hatte ich *sein* Gesicht vor mir. Ich hatte pure Angst, schon der Gedanke an *ihn* zog mich immer tiefer Richtung Abgrund.

Veröffentlicht am 27. Juni 2000, Leserbriefseite

„Foglio di via"
Ich möchte zu der Geschichte vom „Foglio di via" von Marco F., der ich bin, eine persönliche Stellungnahme veröffentlichen, die weder dem Sozialarbeiter noch der Anwältin entstammt.
Die ganze Geschichte ist so absurd und lächerlich wie der obengenannte „foglio di via" selber sowie die zwei Zeitungsartikel.
Ich will gleich klarstellen, dass nicht ich zur Zeitung gegangen bin, um von dieser Geschichte zu berichten. Die Sachen stehen mehr oder weniger im ersten Artikel, auch wenn verdreht und übertrieben.
Aber nicht um mich damit bemitleiden zu lassen (habe ich nicht nötig und fühle mich überhaupt nicht als ein armer Teufel) oder Werbung in eigener Sache zu betreiben (brauche ich nicht), sondern um hervorzuheben, was die Gesetze dieser Welt wert sind. Hier werden negative Emotionen hochgespielt, die es gar nicht gibt und nie gegeben hat. Die einzige Tatsache in dieser absurden Ge-

schichte ist, dass ich jetzt die Folgen zu tragen habe und nicht weiß, warum.
Es gibt nur drei in dieser Geschichte, die die ganze Verantwortung tragen, einen, dem die Haare (wenn er welche überhaupt hat) zu Berge stehen, und zwei andere, die das sogenannte Gesetz befolgen, ohne es zu vertiefen; war wohl nicht der Mühe wert, oder viel zu anstrengend?
Es ist traurig zu wissen, dass man Menschen, die sich überhaupt nicht kennen, untereinander zu Feindbildern ausmalt, anstatt das Ganze mit einem freundlichen Handschlag zu beenden.

Marco F.

Fort aus meinem Leben

Ausgewiesen. Marco F. durfte nicht mehr in meinem Heimatort wohnen oder sich dort aufhalten. Auch der Artikel in der Zeitung nutzte ihm nichts.
Trotzdem änderte sich wenig. Ich spürte kaum Erleichterung. Ich glaubte nicht mehr daran, dass ich irgendwann wieder ruhig leben konnte. Ein halbes Jahr war vergangen, seit er angefangen hatte mich zu quälen. Weiterhin schellte bei uns zu Hause ununterbrochen das Telefon. Es läutete abends oder in der Nacht, doch eines hatte sich nun endgültig geändert: Er redete nicht mehr mit uns. Wir hörten nur seine Atemzüge und Geräusche wie von Stühleschieben und Stimmen im Hintergrund, als wäre er in einem Gasthaus. Wir lauschten angespannt, bis er auflegte. Für uns war es schon fast zur Routine geworden. Wir konnten eh nichts dagegen unternehmen.
Anhand der Telefonnummer, die aufschien, wenn er uns anrief, fanden wir heraus, dass er nach seiner Ausweisung in ein Nachbardorf auf der anderen Talseite gezogen war. Die Parallelen waren unheimlich: Auch dieses Dorf lag auf etwa 1.000 Metern Meereshöhe und war per Bus oder Seilbahn zu erreichen. Auch dort lebte er wieder in einer kleinen Pension, unterstützt von der öffentlichen Hand, die ihm die Miete und den Unterhalt bezahlte. Auch dort plante er wieder sein Katz- und Mausspiel, das er so virtuos beherrschte.

Seine Opfer, das waren junge, knapp zwanzigjährige Frauen, behütet aufgewachsen und eingebettet im Kreis einer liebenden Familie und guter Freunde. Etwas, was Marco F. wohl nie hatte.
Bitter war es für mich und meine Familie, zu wissen, dass Marco F. über so viel Freizeit verfügen konnte, weil er Unterstützung seitens der öffentlichen Hand erhielt. Diese Freizeit nutzte er, um seinen Opfern aufzulauern und sie auf Schritt und Tritt zu verfolgen. Hätte er eine Ar-

beitsstelle gehabt, er hätte mir nicht dauernd nachstellen können. Jedem Bedürftigen steht finanzielle Unterstützung und Sozialhilfe zu. Psychisch instabilen Menschen, wie Marco F. einer ist, gelingt es kaum, einen gut bezahlten Arbeitsplatz zu finden, mit denen sie ihr Leben selbst finanzieren könnten. Daher ist es grundsätzlich in Ordnung, wenn schwache Bürger Hilfe von der öffentlichen Hand bekommen.

Trotz der Ausweisung von Marco F. befürchtete ich weiterhin eine Eskalation. Meine Gegendarstellung in der Tageszeitung würde er bestimmt nicht auf sich sitzen lassen. Der Leserbrief alleine genügte ihm als Rache sicherlich nicht.
An einem regnerischen Sommerabend brachte ich kurz nach 22 Uhr meinen Freund Lorenz nach Hause, der nur fünf Autominuten von mir entfernt wohnte.

Wenn ich mit meinem Auto unterwegs war, hatte ich eigentlich nie Bedenken oder gar Angst. Vor Marco F. brauchte ich mich nicht zu schützen, denn er besaß kein Auto, auf der Straße würde er mir also nicht begegnen. Der eigentliche Angstmoment war regelmäßig jener, wenn ich von einer Fahrt wieder nach Hause kam. Dann hieß es immer, schnell das Garagentor öffnen, in die Garage hineinfahren, Tor zu und dann erst aussteigen.

An diesem besagten Abend ließ ich Lorenz vor seiner Haustür aussteigen und bog wieder auf die Hauptstraße ein. Plötzlich sah ich im Rückspiegel nur noch die großen Scheinwerfer eines Lieferwagens. Er fuhr mir so nahe auf, dass mir angst und bange wurde. Er hetzte mich die Straße bergauf. Ich trat voll aufs Gas, doch mein kleines Auto bewältigte die Steigung nur mit viel Mühe.
Der Lieferwagen fuhr immer näher an mich heran und gab ungeduldige Lichtzeichen. „Der Typ spinnt!“ In diesem Moment machte ich mir mehr Sorgen um mein Auto als um mich selbst. Das Geld für das Auto hatte ich mir

mühevoll bei kleinen Sommerjobs verdient. Mit meinen Freundinnen war ich mit meinem Auto von Party zu Party getingelt, es hingen so viele Erinnerungen daran. Da wollte ich es mir doch nicht von einem solch ungestümen Lieferwagenfahrer zu Schrott fahren lassen!
Schließlich setzte der Lieferwagen zum Überholen an. Ich war schon erleichtert, doch dann – er überholte nicht, sondern fuhr neben mir her! Plötzlich machte sich Panik in mir breit. Was wollte der Fahrer denn von mir?! Ich traute mich nicht hinüberzuschauen und konzentrierte mich auf die Straße.
Jetzt erkannte ich die Farbe des Lieferwagens, er war weiß. Rechts tauchte eine kleine schotterbedeckte Ausweichstelle auf. Der Fahrer begann, mich nach rechts abzudrängen, und zwar in Richtung Ausweichstelle.
Ich lenkte nach rechts und fuhr holpernd auf dem Schotter weiter, und zwar so langsam, dass der Lieferwagen nicht mehr anders konnte als an mir vorbeizuziehen. Was sollte das?
Ich wagte es nicht, ganz stehenzubleiben, auch wenn meine Hände und Knie zitterten. Nachdem der Lieferwagen in der Dunkelheit verschwunden war, lenkte ich mein Auto wieder auf die Straße. Unterwegs kontrollierte ich, ob die Türen sicher verriegelt waren. Gott sei Dank, das waren sie. Das Verriegeln hatte ich mir angewöhnt, seit mich Marco F. verfolgte.
Langsam fuhr ich weiter. Es gelang mir kaum mehr, mich auf die Straße zu konzentrieren. Als ich die nächste Kurve nahm, setzte mein Herzschlag aus.
Da stand der weiße Lieferwagen mitten auf der Fahrbahn, mit gedrücktem Bremslicht! Der Fahrer hatte tatsächlich auf mich gewartet!
Als er mich kommen sah, fuhr er weiter und ich fuhr langsam hinterher, um sicheren Abstand zu gewinnen. Plötzlich bremste er wieder ab und schien erneut auf mich zu warten. Ganze zwei Mal wiederholte er diese Aktion. Dann gab er Gas und war fort. Was wollte er von mir?

Ich versuchte, nicht hysterisch zu werden. „Nicht von der beleuchteten Hauptstraße abfahren“, sagte ich halblaut zu mir. Als ich endlich das Haus meiner Eltern erreichte, ließ ich den Motor weiterlaufen.
„Um kein Geld der Welt gehe ich jetzt da raus und öffne das Garagentor“, dachte ich völlig verängstigt. Ich kontrollierte die Straße und den Gehsteig. Niemand war zu sehen, aber ich stieg nicht aus. Meine Eltern waren auf der Geburtstagsfeier eines Nachbarn. Nein, ich wollte sie da nicht anrufen, ich musste das alleine schaffen. Die Haustür war nur zwei Meter entfernt, sehnsüchtig starrte ich sie an. Ich saß in der Falle.
Eines war klar, ich konnte nicht im Auto darauf warten, bis meine Eltern nach Hause kamen. Heute Nacht würde mein Auto eben nicht in der Garage stehen, beschloss ich. Dumpf fiel die Autotür ins Schloss. Panisch rannte ich zur Haustür, den Haustürschlüssel bereits in der Hand. Ich öffnete die Tür, trat ein und warf sie hinter mir zu und zwar mit einer solchen Vehemenz, dass sie noch einmal aufschlug. Ich glitt zu Boden und brach aufgelöst in Tränen aus. Und schon wieder hatte ich einen Fehler gemacht. Ich war so sehr damit beschäftigt gewesen, nicht von der Straße abzukommen und mich von dem Unbekannten rammen zu lassen, dass ich nicht einmal einen Blick auf Automarke und Kennzeichen geworfen hatte.

Wenig später erfuhr meine Mutter, dass Marco F. einen Bruder hatte und dieser Bruder einen weißen Lieferwagen besaß. Hätte ich daraufhin etwas unternehmen können? Ich hatte doch keinen Beweis für das Geschehene, ja, ich war sogar zu überwältigt gewesen, mir das Augenscheinliche, also das Kennzeichen, zu merken. Alles was mir blieb, war, diese unheimliche Episode meinem Tagebuch anzuvertrauen und sie zu verdrängen, so gut es ging.

Polizeiliche Schutzmaßnahmen

Trotz seines Plans – und dessen späterer Ausführung – ein anderes Mädchen, das leichter greifbar war, zu belästigen, konnte Marco F. noch immer nicht von mir ablassen. Auch wenn unser Dorf weit entfernt schien und er mich nicht mehr ständig verfolgen konnte, beließ es Marco F. nicht bei den Anrufen.

Einmal ertappte ich *ihn* in der Nähe der Talstation der Seilbahn. Ich erkannte *ihn* sofort. Meine Knie zitterten, als ich die wenigen Meter zur Eingangstür ging. Ich erlebte alles wie in Zeitlupe. In der linken Tasche meiner Jacke war mein Mobiltelefon griffbereit, in der rechten Tasche tastete ich nach dem Tränengas, das ich mir vorsorglich besorgt hatte.
Wie eine Marionette ging ich den kurzen Weg zur Tür. Es schien, als zöge jemand die Fäden. Ich spürte, wie mir die Angst in die Glieder kroch. „Schau ihn nicht an!“, befahl ich mir und griff gleichzeitig nach dem Mobiltelefon wie nach einem rettenden Strohhalm. Ich wählte die erste gespeicherte Nummer der Kurzwahl. Ich wusste genau, wen ich anrief.
Die erste gespeicherte Nummer war die Handynummer meiner Mutter, die zweite die von zuhause und die dritte Nummer war die meines Freundes. Die vierte gespeicherte Nummer war die Nummer der Carabinieri.
Ich fühlte mich gleich nicht mehr so alleine in meiner beängstigenden Situation, als ich mit meiner Mutter sprach. Allerdings stammelte ich nur wirres Zeug, keine zusammenhängenden Sätze.

Ich setzte mich auf eine Bank in der Wartehalle und wartete auf die Seilbahn. Marco F. beobachtete mich aus sicherer Entfernung.
Er wusste genau, dass *er* sich mir nicht nähern durfte. Ja, Marco F. machte keinen Fehler, der *ihn* eventuell zumin-

dest für kurze Zeit hinter Gitter hätte bringen können. Ich hatte nichts gegen *ihn* in der Hand. *Er* wusste genau, was *er* machen durfte und was nicht.
Marco F. starrte mich unentwegt an. Ich wollte *ihm* Kontra geben, ich wollte nicht mehr das arme Opfer sein. Doch jedes Mal, wenn ich meinen Kopf heben wollte, schien mein Herz stillzustehen. Ich ertrug diesen finsteren leeren Blick nicht. Ich glitt fast von der Bank vor lauter Angst, am liebsten hätte ich mich in Luft aufgelöst.
Meine Gefühle liefen Amok, ich hätte mit voller Wucht gegen die Scheibe rennen können, die uns trennte. Am liebsten wäre ich zu ihm hingegangen und hätte ihn angeschrien: „Spürst du Genugtuung? Befriedigt es dich, mir Angst einzujagen? Was willst du von mir, du kranker Dreckskerl?!"
Aber ich tat mal wieder nichts von alldem. Ich stand nach so vielen Monaten dermaßen neben mir, dass ich kein Wort herausbrachte. Ich hatte mich aufgegeben und *er* wusste das. *Er* sollte zu Ende bringen, was *er* begonnen hatte, oder *er* sollte endlich von mir ablassen! Aber das Spiel weiter mitzumachen, das würde ich nicht mehr schaffen. Wenn nicht *er* es beendete, dann wollte ich es tun, nur wie?

Unsere Verzweiflung schien bei den Behörden endlich Wirkung zu zeigen. Ab und zu holte mich am Abend ein dunkelblauer Wagen von der Arbeit ab, der mich zur Bahnstation brachte. Ich glitt auf den Rücksitz des dunklen Wagens. Der Kriminalbeamte folgte mir anschließend unauffällig, wie ein Schatten, in die Bahnstation und platzierte sich einige Reihen hinter mir.
Ob dies gewollt war oder nicht, jedenfalls war diese Unterstützung durch Kriminalbeamte in Zivil nicht so unauffällig, wie ich gehofft hatte. Denn Marco F. tauchte niemals auf.

„*Der* macht das nicht zum ersten Mal!“, schoss es mir wieder einmal durch den Kopf. Es war mir immer peinlich vor den Beamten, dass er wieder mal nicht aufgetaucht war.
Marco F. war wie ein Wiesel, das genau zu wissen schien, wann und wo Gefahr drohte und wie es geschickt allen Fallen ausweichen konnte. *Er* schien gewiefter zu sein als die Polizeibeamten selbst.

Später erfuhr ich, dass mir die Beamten auch gefolgt waren, ohne mich vorher darüber zu informieren. In diesen Momenten hatten sie Marco F. in meiner Nähe gesehen. Ich war erleichtert. Es hatte also doch Sinn gemacht, die Verfolgungen anzuzeigen. Marco F. war unberechenbar. Es gab mir ein wenig Sicherheit, zu wissen, dass man ein Auge auf mich hatte und ich vielleicht doch nicht völlig schutzlos unterwegs war, wenn ich mein Zuhause verließ.

Eines Tages bat ich meinen Freund Lorenz, mich unauffällig zu begleiten und sich im Autobus, der wegen Revisionsarbeiten anstelle der Seilbahn fuhr, hinter mich zu setzen.
Lorenz wollte diesen eigenartigen Mann, der diese komischen Briefe geschrieben hatte, endlich sehen. Obwohl mich Marco F. zu diesem Zeitpunkt schon monatelang belästigt und verfolgt hatte, hatte ihn Lorenz tatsächlich noch nie gesehen.
Mein Freund stieg in den Bus, setzte sich und versteckte sein Gesicht hinter einer Zeitung, als sich der Bus mit Menschen zu füllen begann. Marco F. tauchte tatsächlich auf und Lorenz erkannte ihn sofort. „Er hat dich ständig begafft!“, berichtete mir Lorenz anschließend entrüstet.
Es war ihm sehr schwer gefallen, sich den kleinen Mann nicht sofort zur Brust zu nehmen und ihm seine Meinung zu sagen. Lorenz war in heller Aufregung, jetzt kannte auch er das Gesicht hinter dem Namen Marco F. Ich hatte Lorenz nicht erlaubt, sich zu erkennen zu geben, und ihn

gebeten, sich zurückzuhalten. Wir verließen den Bus und gingen getrennte Wege, so, als würden wir uns nicht kennen – auch wenn ich davon überzeugt war, dass Marco F. längst wusste, wer Lorenz war.

Ich machte mir immer wieder meine Situation klar. Die zivile Streife war nur dazu da, mich zu beschützen. Auch wenn sich Marco F. hätte blicken lassen, es wäre ihm doch nichts geschehen. Es gab keine rechtliche Handhabe gegen ihn. Er durfte sich jederzeit nach eigenem Belieben in mein Leben einmischen und es ungestört zur Hölle machen.

Krank als Folge

Irgendetwas stimmte nicht mit mir. Bisher waren meine Gedanken, mein seelisches Befinden dauernd in Bewegung gewesen. Aber nun schien sich die ganze Geschichte weiter verschlimmert zu haben: Mein Körper machte nicht mehr mit. Ich wachte nachts plötzlich auf, nicht nur wegen des Dauerschellens des Telefons. Ich rannte ins Bad und erbrach mich und hatte Durchfall. Ich war müde, lustlos, ausgelaugt, erschöpft.
In meiner Verzweiflung verdrängte ich den Gedanken an meinen miserablen Zustand. Krank sein, das fehlte mir jetzt gerade noch!
In jener Zeit begannen auch meine schrecklichen Kopfschmerz-Attacken.

Ich war völlig planlos, ausgeliefert und jederzeit auf der Hut. Ich erkannte mich in meinem Verhalten oft selbst nicht wieder. Der Gedanke an Marco F. hatte sich in mir festgefressen wie ein Wurm, der sich langsam weiterwand, immer tiefer bohrte und mich krank machte.

Meine Familie bekam den plötzlichen Wechsel von der sonnigen, gutgelaunten Martina zum ferngesteuerten, angsterfüllten Geschöpf zuerst zu spüren. Ich reagierte aggressiv und gereizt, meine plötzlichen Wutausbrüche verwirrten sie, ich verletzte die Menschen um mich herum, und es war mir vollkommen egal.

Auch Lorenz, mein Freund, spürte es. Er war mit mir hoffnungslos überfordert und kam mit meinen Stimmungsschwankungen und der hilflosen Situation, in der auch er sich befand, nicht mehr zurecht.
Wir waren fast vier Jahre zusammen, er hatte mir beigestanden, als die Sache mit Marco F. begann. Er wollte mir helfen und wusste nicht wie. Er war jung und wollte seine

Jugend genießen. Ich hingegen hatte das Empfinden, alles drehe sich nur mehr im Kreis und um Marco F.
Und dann konnte ich nicht mehr. Mein Weltbild hatte sich komplett verzerrt. Es schien mir, als gäbe es nichts Gutes mehr auf Erden. Ich stieß alle Menschen von mir, auch jene, die ich liebte.
Die Leichtigkeit und Unbeschwertheit meiner jungen Liebe zu Lorenz war zerstört, unsere Geduld füreinander am Ende. Alles und jedes Gespräch kreiste früher oder später um Marco F. Ich wusste, dass ich es eines Tages bereuen würde, aber ich trennte mich von Lorenz. Es war mir egal, ob ich ihm und mir selbst wehtat. Ich war mittlerweile in einem Zustand, in dem mir einfach alles zu viel wurde. Ich empfand nur noch Gleichgültigkeit. Ich sah keine gemeinsame Zukunft, es war besser so, auch zu seinem Schutz.

In dieser Zeit fühlte ich mich alleine und verlassen, erschöpft und schwach. Ich nahm an, dass alle Menschen schlecht waren, dass mich jeder hintergehen wollte. Mein Vertrauen zu anderen Menschen war zerbrochen.
Warum konnte mir keiner helfen, warum konnte keiner etwas unternehmen, dass die Verfolgung und die Zerstörung meines Lebens durch Marco F. endlich aufhörte? Ich war zutiefst verletzt und gedemütigt.

Mein „Fall" zog immer weitere Kreise, immer mehr Menschen schlitterten in meine Probleme hinein. Immer öfter hatte ich das Gefühl, dass mich Bekannte, aber auch Freunde mieden, aus Angst, auch in die Geschichte hineingezogen zu werden.
Ich war des Öfteren krank und ausgelaugt. Irgendwann wurde ich nicht mehr gefragt, ob ich mit ausgehen wollte, weil ich zu oft nein gesagt hatte. Die Partys stiegen also ohne mich. Ich konnte auch nicht mehr mitgehen, weil Marco F. in einem seiner Briefe erwähnt hatte, dass er unsere Musik kannte, und ich wollte meine Freunde

nicht gefährden. Denn bestimmt verfolgte er uns, wenn wir an unseren Geburtstagen oder für den Silvesterabend einen Jugendraum für unsere Privatpartys mieteten. Ich war mir sicher, dass er meinen Freundeskreis bereits ins Auge gefasst hatte.

Ich konnte mich nicht gegen diesen Mann wehren und musste alles hinnehmen, ob ich wollte oder nicht. Marco F. führte Regie, ich hatte keine Wahl und musste mich ihm beugen. Die gnadenlose Hetze forderte ihren Tribut, willenlos fragte ich mich irgendwann nicht einmal mehr, wie ich meine Situation ändern könnte. Ich war am Ende und meine Familie auch. Meine Beziehung lag in Scherben, meine Freundschaften waren am Zerbrechen, mein Selbstwertgefühl zerstört, meine Lebenslust hatte ich verloren und das alles nur wegen *ihm*.
Einerseits wollte ich aufgeben und nicht mehr hier sein, andererseits wünschte ich mir nichts mehr, als wieder ins Leben zurückzukehren und daran teilzuhaben!

Zu den seelischen Qualen, die nur die schlechten Eigenschaften in mir hervorriefen, gesellten sich körperliche Beschwerden. Mein Hausarzt schüttelte nur den Kopf, als ich ihm von den schrecklichen Bauchschmerzen, die mich seit einiger Zeit immer öfter überfielen, dem ständigen Erbrechen, Durchfall und meiner Schlaflosigkeit erzählte. „Salmonellen oder Bulimie", diagnostizierte er lakonisch und schickte mich wieder nach Hause, mit dem guten Ratschlag, Stress abzubauen und mich mehr auszuruhen. Ich wollte es nicht glauben. War mein Hausarzt der nächste Mensch, der mich hängen ließ? War es denn die Möglichkeit? Lag wirklich alles an mir? Bulimie? Hallo, wie käme ich dazu? Ja, ich war abgemagert, dürr und blass, aber doch nicht, weil ich mich absichtlich erbrach! Verletzt und unverstanden trat ich den Rückzug an, ich war es inzwischen gewohnt.

Trotzdem ging ich immer wieder mit meinen Beschwerden zu ihm und jedes Mal schickte er mich wieder nach Hause. Nur einmal schien es, als hätte er genug von meinen dauernden Besuchen und ordnete Bluttests und andere Proben an.

Als ich mir nach einiger Zeit erwartungsvoll die Befunde von ihm erklären ließ, war ich voller Hoffnung, dass mir endlich jemand helfen konnte. Er musterte mich streng: „Keine Salmonellen, Ihnen fehlt nichts“, er rückte seine Brille zurecht. „Sie sind gesund. Ich werde Ihnen auch nichts verschreiben.“ Er sprach es zwar nicht direkt aus, aber zwischen den Zeilen konnte ich aus seinen Erklärungen entnehmen, dass er mich für eine Hypochonderin hielt. Ich war kurz davor, ihn tätlich anzugehen; meine aufgestauten Emotionen brachten mich fast zum Explodieren. Glaubte er denn, ich würde nur zu ihm gehen, um mich krankschreiben zu lassen, um mir auf diese Weise ein paar schöne Ferientage herauszuschlagen? Bisher hatte ich mich jeden Tag mühevoll zur Arbeit geschleppt, egal, in welchem Zustand ich war.

Ich beherrschte mich und schluckte meinen Ärger hinunter. Ich war zu müde, um mich zu wehren und zu rechtfertigen, ich resignierte. Einerseits war ich erleichtert, dass mir nichts zu fehlen schien. Andererseits spürte ich doch, dass etwas nicht stimmte. Die Schmerzen und der ständige Durchfall, die Appetitlosigkeit, die stechenden Kopfschmerzen, das alles konnte doch nicht normal sein. Ich bildete es mir doch nicht nur ein!?

Kaum zur Tür hinaus brach ich in Tränen aus. Es war mir egal, was sich die Leute dachten. Die Verzweiflung der letzten Monate brach aus mir heraus wie Lava aus einem Vulkan. Was war bloß mit mir los? Wäre ich in diesem Moment im 10. Stock eines Hochhauses gewesen, ich hätte mich vermutlich hinuntergestürzt, so verzweifelt war ich. Ich konnte nicht mehr, weder vor noch zurück. Ich war im Sog gefangen und konnte mich nicht mehr festhalten, ich konnte keine klaren Gedanken mehr fassen.

Trotz allem musste es weitergehen. Mein Chef brachte gewiss kein Verständnis für irgendwelche Wehwehchen – noch dazu solche, die ich mir angeblich nur einbildete – auf. So schleppte ich mich jeden Tag zur Arbeit. Jede kleine Anstrengung erschien mir unglaublich schwer; die Hoffnungslosigkeit, die von mir Besitz zu nehmen schien, verschlimmerte noch alles.

Dann, völlig unverhofft, trat Karl in mein Leben. Groß, blond, lebenslustig – er erschien mir wie ein Strohhalm, an den ich mich klammern konnte, sein fröhliches Lachen öffnete mir das Herz.
Ich begegnete ihm fast täglich auf meinem Weg zur Arbeit, denn sein Arbeitsplatz befand sich genau in der Straße, in der ich ebenfalls arbeitete. Er war hauptamtlicher Rettungssanitäter und fing an, jedes Mal zu hupen, wenn er mit dem Ambulanzwagen die Straße entlangfuhr und er mich auf dem Gehsteig zur Arbeit gehen sah.
Schon bald kannte ich seine Arbeitszeiten, weil ich sein Auto auf dem Parkplatz stehen sah, an dem ich täglich vorbeikam. Und der Zufall kam mir ebenfalls zu Hilfe, auch wenn es mir damals noch nicht klar war: Karl war zusätzlich als freiwilliger Helfer bei der Rettung in meinem Heimatdorf tätig. Die Rettungsstelle lag auf dem Weg zu meinem Elternhaus. Eines Abends fing er mich auf dem Weg nach Hause ab und sprach mich auf seine nette, fröhliche Art an. Wir plauderten, bis es dunkel wurde. Seine Art gefiel mir und er konnte mir dazu noch nützliche Informationen bieten.
„Werden eigentlich eingehende Notrufe in der Zentrale der Rettungsstellen aufgezeichnet und archiviert?“, ergriff ich die Gelegenheit beim Schopf, um Näheres über den ominösen Anruf von Marco F. bei der Rettung einige Monate zuvor zu erfahren. „Und kann man falsche Notrufe zurückverfolgen?“
„Ich denke schon, warum willst du das wissen?“, war Karl überrascht. Das Gespräch schien mit dieser Frage

vom leichten Geplänkel in eine ernstere Tonlage umzuschlagen. Dies schien ihm nicht unbedingt zu behagen. Eigentlich wollte ich die Geschichte nie wieder erzählen und den Namen Marco F. nicht mehr in den Mund nehmen. Ich hatte genug davon. Doch zu Karl hatte ich Vertrauen gefasst, wie ich selbst überrascht feststellte. Rückhaltlos erzählte ich ihm die Geschichte von Anfang an.
„Schrecklich!“, war sein erster Kommentar. Er sah mich an und schüttelte den Kopf. „Was gibt es doch für kranke Typen auf der Welt! Du Arme, ich kann es nicht glauben!“
Er schien den Ernst der Lage erfasst zu haben und machte mir einen Vorschlag, den ich unmöglich ablehnen konnte, beziehungsweise wollte: „Wenn du willst, hole ich dich an den Abenden, an denen ich hier oben Dienst mache, von deiner Arbeit ab und du fährst mit mir nach Hause.“
Fieberhaft überschlugen sich meine Gedanken. Da ich in Bozen keine Gratis-Parkgelegenheit hatte, wollte ich nicht mit meinem Auto zur Arbeit fahren. Aber wenn ich abends nicht mehr die öffentlichen Verkehrsmittel benutzen musste, dann war es für Marco F. viel schwieriger, mich weiter zu verfolgen. Er würde meine Spur verlieren, zumindest an einigen Abenden.
Da ich in Bozen keine Gratis-Parkgelegenheit hatte, wollte ich nicht mit meinem Auto zur Arbeit fahren. Jetzt bot sich für mich diese einmalige Gelegenheit!
Und Karls besorgter Gesichtsausdruck tat ein Übriges. Ich hatte ich einen Menschen vor mir, der mich zwar nicht kannte und der die schlimmste Zeit meines Lebens nicht miterlebt hatte, aber er glaubte mir sofort und bot mir konkrete Hilfe an.
Das war etwas, auf das ich lange gewartet hatte. Ich nahm sein Angebot dankbar an. Zum ersten Mal seit langem gab ich meine Handynummer ohne Bedenken weiter.

Karl hielt Wort. Mehrmals im Monat fuhr ich mit ihm am Abend nach Hause – und nicht nur das. Ich hatte eine

neue Schulter zum Anlehnen und einen Vertrauten gefunden. Auf unserem gemeinsamen Weg hatten wir viel Zeit für Gespräche und lernten uns besser kennen. Erleichterung trat ein und langsam, aber sicher fand ich das Leben wieder lebenswert. Es gab wieder andere Dinge in meinem Leben, ich fing wieder an, wie ein junges Mädchen zu leben. Karl nahm mich zum Shopping mit und es folgten Kinobesuche und Spaziergänge. Die positive Lebenseinstellung von Karl, sein Lachen, sein Humor und seine Unbeschwertheit taten mir unendlich gut. Ich saugte die vielen glücklichen und positiven Momente mit Karl und seiner Familie auf und endlich konnte ich wieder Freude empfinden und nach Herzenslust albern sein und lachen.
Und das Beste an allem war: Marco F. musste meine Spur endgültig verloren haben, da ich nicht mehr wie früher täglich die öffentlichen Verkehrsmittel benutzte. Selbst verfügte er über kein Fahrzeug, daher konnte er mich nicht mehr täglich verfolgen. Und wenn er mich nicht sah, schien es, als könne er sich tatsächlich zurückhalten. Es war mir also eine kleine Verschnaufpause gegönnt. Stück für Stück legte ich die trüben Gedanken beiseite, die mir das Leben bis dahin endlos schwer gemacht hatten.
Aber so einfach war es nicht. Der Schatten auf meiner Seele blieb, auch wenn ich dank Karl und seiner unbekümmerten Fürsorge aufblühte und das Leben plötzlich mehr Sonnenschein als Dunkelheit bot. Bei den vielen Ausflügen mit Karl stellte ich mir genüsslich vor, wie Marco F. mich suchte, aber nicht finden konnte. Er konnte uns nicht folgen, wenn wir unsere gemeinsame Freizeit in der Natur genossen. Marco F. konnte wohl nur denen das Leben zur Hölle machen, die ebenso wie er auf öffentliche Verkehrsmittel angewiesen waren.
Ich genoss den sprichwörtlich goldenen Herbst und begann wieder Freude zu empfinden.
Aber ich freute mich wieder einmal zu früh.

Todesangst

Meine erste Flugreise stand an. Mein Chef lud meinen Arbeitskollegen und mich im September 2000 zum traditionellen Betriebsausflug ein. Es war mein erstes Jahr in der Werbeagentur und mein erster Betriebsausflug. Es ging nach Rom, und das ganze drei Tage lang. Ich war sehr gespannt auf die Reise, aber ich konnte mich nicht unbekümmert freuen, solange ich nicht im Flieger saß und mich in Sicherheit wusste.
Zwei Bekannte meines Chefs und mein Arbeitskollege waren mit von der Partie. Jede Menge Besichtigungen von Kulturgütern und gepflegtes Essen am Abend standen auf dem Programm. Ich merkte, wie gut es mir tat, 800 Kilometer von Marco F. und *seiner* elenden Existenz entfernt zu sein. Ich fühlte mich seit langem wieder einmal richtig wohl und befreit. Hier konnte *er* mir garantiert nicht auflauern, dachte ich zufrieden. Ich traute mich sogar, alleine in einem Einzelzimmer zu schlafen.

An unserem zweiten Tag in Rom klingelte frühmorgens mein Handy. „Martina?“, fragte meine Mutter. Sofort setzte ich mich kerzengerade hin, ich ahnte Schlimmes. Ich saß gerade beim gemeinsamen Frühstück, doch der Tonfall in ihrer Stimme ließ mich sowohl das Frühstück als auch den Ort, an dem ich gerade war, vergessen.
„Ist etwas passiert?“, fragte ich besorgt.
„Martina, geht es euch gut? Was macht ihr gerade?“
„Wir sind beim Frühstück. Warum rufst du an?“
„Ich wollte mich nur erkundigen, ob es dir gut geht. Hältst du dich auch immer in der Nähe der anderen auf und unternimmst nichts alleine?“
Da war eindeutig etwas nicht in Ordnung. Das waren nicht die typischen Fragen meiner Mutter, wenn ich im Urlaub war – irgendetwas stimmte nicht. Ich hatte ein ungutes Bauchgefühl, das mir sagte: „Vorsicht Gefahr!“

„Kannst du mir nicht sagen, was los ist?“, fragte ich besorgt.
„Nein es ist nichts, ich wollte nur hören, wie es euch geht. Wir sehen uns dann, wenn du zurück bist. Pass gut auf dich auf und geh nirgendwo alleine hin!“, ermahnte sie mich nochmals. „Karl wird da sein und dich abholen, wenn du nachts in Bozen ankommst! Schreib uns mal eine Kurzmitteilung.“ Dann legte sie auf.
Mir war klar, dass etwas passiert war. Aber meine Mutter wollte mir nicht sagen, was es war, um mir die Zeit in Rom nicht zu vermiesen. Einer unserer Begleiterinnen fiel sofort meine verstörte Miene und meine Unruhe auf. „Ist etwas nicht in Ordnung zu Hause?“, fragte sie. Was sollte ich jetzt sagen? Man sah es mir doch an, ich war den Tränen nahe. Was half jetzt eine Ausrede? Ich fasste mir ein Herz und erzählte ihr alles. *Schon wieder diese verdammte lange Geschichte!* Sie versuchte mich zu beruhigen, aber sie schaffte es nicht. *Er* hatte mich eingeholt.

Der folgende Tag in Rom wurde ein Tag wie jeder andere: Angst, Traurigkeit und schlimme Erinnerungen begleiteten meine Reise, nichts konnte mich mehr ablenken.

Es traf mich wie ein Schlag, als ich von Rom zurückkam und die Neuigkeiten erfuhr.
Am Tag meiner Abreise nach Rom war ein Brief bei uns zu Hause eingetrudelt. Fast auf den Tag genau einen Monat vor meinem 20. Geburtstag erhielt ich bereits eine Geburtstagkarte. Und zwar eine „besondere“ Geburtstagskarte. Sie war mit einer Sonnenblume bedruckt und mit der Aufschrift „Herzlichen Glückwunsch zum Geburtstag“.
Sonnenblumen waren meine Lieblingsblumen, ich schmückte alles Mögliche mit Sonnenblumen. Mein Auto, mein Zimmer – und Marco F. wusste anscheinend davon.

Das Besondere an der Karte war aber nicht nur die Sonnenblume, sondern ein geschriebenes Datum: „24.10.1980 – 24.10.2000“. Darüber fand sich ein mit schnellen Strichen gezeichnetes Porträt von mir – unverkennbar, das war ich! Es zeigte mich, wie ich im Kleinbus am Fenster saß. Im Hintergrund befand sich das Wahrzeichen Südtirols, ein Berg – der Schlern. Und noch etwas stand auf der Karte, in riesengroßen Lettern: „STINKETE* FURZERIN!!“
Meine Kehle war wie zugeschnürt, als ich die Karte in die Hand nahm. Der 24. Oktober 1980 war mein Geburtstag. Somit konnte das in regelmäßiger Handschrift geschriebene Datum des 24. Oktobers 2000 nicht nur meinen 20. Geburtstag bedeuten, sondern auch meinen Todestag. Das Datum und die Gestaltung wirkten auf mich wie ein Sterbebild.

Seine beleidigenden Worte konnte ich verschmerzen. Wenn ein alter Mann einem kaum zwanzigjährigen Mädchen die Worte „Stinkete Furzerin“ schreiben wollte, dann konnte mich das nicht weiter verletzen. Eines aber erkannte ich aus der Karte sehr deutlich: Marco F. war wütend und *er* wollte mich das nun spüren lassen. *Er* war wütend, weil *er* mich nicht mehr verfolgen konnte. *Er* war wütend, dass *er* unser Dorf hatte verlassen müssen. *Er* war wütend, dass ich mich zur Wehr gesetzt hatte. Ich hatte ihn herausgefordert und ihm mit meinem Zeitungsartikel die Stirn geboten. Nun ließ *er* mir eine ultimative Drohung zukommen, meinen Tod. *Er* ließ mich leiden. Ich starrte nur noch das Datum auf der Karte an. Der 24. Oktober 2000. Ich hatte also noch einen Monat Zeit – Zeit zu leben oder langsam zu sterben, einen Monat sollte ich *ihn* noch ertragen. Dann würde es vorbei sein, *er* würde meinem Leben ein Ende setzen. Es war so weit, ich hatte es schriftlich vor mir. „Ich gebe mich geschla-

** Stinkete: stinkende*

gen“, sagte ich in Gedanken zu *ihm*, „mach’ es kurz und schmerzlos.“

Diesen einen Monat, den mir Marco F. großzügigerweise noch zugestand, galt es auszunutzen. Die Menschen um mich herum merkten es nicht, sie durften es auch nicht merken, aber ich nutzte diesen einen Monat, um alle meine Freunde noch einmal zu sehen. Die Tage verliefen für alle wie gewohnt, nur für mich hatte sich alles geändert, denn ich verabschiedete mich. Jeder Abend mit einer Freundin konnte mein letzter Abend mit ihr sein. Ich konnte mich nun in die Situation eines todkranken Menschen hineinfühlen, dem die Ärzte mitgeteilt haben, dass er bald sterben wird. In meinem Fall waren es nicht die Ärzte, sondern es war ein psychisch kranker Mann namens Marco F., der meine Zeiger zum Stillstand bringen wollte.

Ich hätte eigentlich aufhören können zu arbeiten, denn wozu arbeiten, wenn es doch keinen 25. Oktober 2000 mehr für mich geben würde? Niemand hätte mich damals mit logischen Argumenten davon überzeugen können, dass es für mich ein Leben nach dem 24. Oktober 2000 geben würde. Marco F. hatte mich so sehr in *seiner* Hand, dass ich mir einfach nicht vorstellen konnte, dass es eines Tages nicht mehr so sein würde. Ich konnte *sein* Spiel nicht gewinnen, weil ich die Regeln nicht kannte. Jeder neue Spielzug war ein nächster Schritt zum Sieg für *ihn*.

Trotz allem ging ich weiterhin täglich zur Arbeit. Ich erlebte jeden Tag, jede Stunde nun intensiver, denn alles, was ich tat und erlebte, konnte zum letzten Mal geschehen. Häufig ertappte ich mich selbst dabei, die Tage zu zählen, die mir noch zum Leben blieben. Und ich zählte tagsüber auch regelmäßig die Stunden, bis ich abends wieder in meinem Bett liegen durfte. Ich spürte eine bisher nie gekannte Müdigkeit. Es war eine körperliche Müdigkeit, aber vor allem inzwischen auch eine seelische. Ich hatte mit meinem Leben abgeschlossen, denn so, wie mein derzeitiges Leben verlief, wollte ich nicht mehr weiterma-

chen. Ich malte mir aus, wie meine Familie und meine Freunde ohne mich weiterleben würden. Ich sah vor meinem geistigen Auge schon mein Begräbnis. Nachts träumte ich davon und schreckte schweißgebadet auf.
Ich war lebensmüde!

Dann erwachte wieder die Wut, die Wut auf den Mann, der gewiss gerade in seinem stillen Kämmerlein meinen Todestag plante. Ich sah *sein* finsteres Gesicht vor mir, *seinen* bitteren Blick; sah *ihn* in *seinem* Zimmer auf und ab rennen, hörte *ihn* böse Worte brummen. Alles war so bildhaft!
Und ständig verfolgte, plagte mich diese schreckliche Ungewissheit, was kommen würde, was *er* für mich geplant hatte, was *er* gerade machte.
Ich hätte nur zu gern gewusst, wie *er* lebte, was *er* machte, wenn *er* allein war. Wie konnte ich es zulassen, dass *er* mich zerstörte?
Ich war so weit, dass ich glaubte, ich könnte *ihn* besser verstehen, wenn ich das Ganze mal von *seiner* Seite aus betrachten würde. Ich stellte mir die Frage, wer *ihn* im Leben so vernachlässigt und verletzt haben konnte, dass *er* heute so verrückt war.
Ich zerbrach mir den Kopf, tausend Gedanken zermürbten mich. Aber ich wusste kaum etwas über *ihn* und *sein* Leben. Wie also sollte ich *seine* Beweggründe herausfinden?
Ich quälte mich, ich strengte mich an, meinen Kummer beiseite zu schieben und endlich mal wieder zu lachen – für die anderen, nicht für mich. Mir war längst nicht mehr zum Lachen zumute.

Seit Wochen lenkte ich mein Auto in Gedanken immer wieder über die Böschung, die ich mir schon vor Monaten ausgesucht hatte. Wäre es dann endlich vorbei? Aber ich war zu feige ernst zu machen und ich wollte meine Lieben nicht so zurücklassen.

Der Schlaf, den ich dringend gebraucht hätte, um zumindest einige Stunden Ruhe zu finden, wollte sich nicht mehr einstellen. Ich war müde, unkonzentriert und es unterliefen mir laufend Fehler, bei der Arbeit und auch außerhalb, die ich mir selbst nicht mehr erklären konnte. Meine Augen hefteten sich unwillkürlich an jeden Kalender, der meinen Blick kreuzte, und immer fand ich sofort den 24. Oktober. Die Uhr tickte unaufhörlich, tick-tack-tick-tack …

Keine Schonzeit

Wenn ich insgeheim darauf gehofft hatte, dass mich Marco F. zumindest in meinem letzten Lebensmonat in Ruhe lassen würde, wurden meine Hoffnungen bereits wenige Tage nach dem Erhalt der Geburtstagskarte jäh zerstört.

Am 26. September trudelte wieder ein Brief bei uns ein. Auch wenn dieses Mal mein Name mit Schreibmaschine geschrieben war, wusste ich sofort, von wem der Brief war.

Es war ein unverschämter Brief; ein Brief voller Beschimpfungen, Beleidigungen und Lügen. Marco F. war ein Meister im Verdrehen der Tatsachen.

Dritter Brief von Marco F.

„Schäme dich daß ein anderer deine Schuld büsen muß. Stellst du dir überhaupt vor was du angestellt hast?! Wenn es einen Gott der Gerechtigkeit gibt dann muß er es dir büsen lassen und leiden.

Du kennst die Wahrheit und dass du die Schuld hast und lässt dich noch von deinen Dörflern und Nachbarn bemitleiden?! Als ob du das unschuldige Lamm wärst und das Opfer?! Spinnst du!!!???

Wie mit diesem Journalisten, der zwei Scheißartikel geschrieben hat die weder Kopf noch Fuß haben.

Du hast mich 3 Monate lang in der Seilbahn und im Kleinbus angegafft, wenn ich in die rechte Ecke gegangen bin bist du dorthin gekommen, wenn ich in die linke Ecke bist du dorthin ohne einen „guten Abend" zu sagen, ohne nichts. Was soll das! Ich [zweifach unterstrichen] wollte meine Ruhe haben und habe sie nicht gehabt. Ich schon habe Nächte lang nicht mehr ein Auge zugetan, weil ich mir andauernd gefragt habe: Warum tut dieses Mädchen so, was will Sie?! Und dann hast du noch den Mut die Geschichte bei der örtlichen Rettung zu erfinden oder

war es ein Freund von dir mit deinem Einwillen um mir dann die Schuld zuzuschieben? Was meinst du, ich bin so blöd und telefoniere und sage: „Hallo, Polizei, Rettung, dort wird gestritten, ich heiße Marco F., bitte herkommen." Schäme dich!
Und dieser Inspektor, den ich sehen möchte wie der ausschaut und wie der heißt, dieser Wurm, hat noch falsche Aussagen gemacht.
Ob ihm deine Frau Mutter vielleicht ihr altes stinkendes und faules Futloch angeboten hat das sie zwischen ihren krummen Haxn hat!
Schäme dich und deine Mutter!
Du hast nur Scheisse in deinem Kopf, und kein Verstand und Mut. Schau dich mal genauer im Spiegel an wie du ausschaußt mit 19 Jahren, zum weinen!
Und deine sogenannte Angst ist nur vorgespielt um dich bemitleiden zu lassen. „Oh ich bin Rotkäppchen, hilfe, der böse Wolf will mich fressen! Und rennst zur „Mama".
Schäme dich in deinem Alter, hast ja nicht 8 Jahre.
Und merk dir auch dass ich nicht an dich interessiert gewesen bin, ganz zu schweigen von verliebt. Was meinst du ich kenne keine junge Frauen? Die außerdem viel attraktiver sind als du. Dies Halskettchen war nur ein Zeichen um die Spannungen die du aufgebaut hast zu beruhigen, denn damals hast du mir irgendwie leid getan, hast ja fast geweint in der Bahn.
Aber in Wahrheit bist du eine verwöhnte, trotzige und hysterische Zicke.
Und jetzt laufe gleich mit diesem Brief zu deinem Inspektor, dieser abscheuliche Wurm und lass dich bemitleiden, du unschuldiges Lämmchen.

*

„Diesem Herrn" hast du am Mittwoch 15.12.99 sehr wohl bemerkt als du ihm mit deinen graublauen Augen, deinen schönen roten Haaren, deiner schönen lan-

gen Nase, deiner grauen Jacke gleich angegafft hast, und gleich in die rechte Ecke am Eingang der Seilbahn nr. 2 wo „dieser Herr“ stand platziert hast, und … unentwegt angestarrt hast. Das war der Anfang: Und „diesen Herrn“ hast du immer bemerkt weil du ihn bemerken wolltest bis du ihn aus dem Dorf rausgeschmissen hast.
Ja ich bin einer der nicht viel spricht, aber ich kannte fast alle dort, ich fühlte mich wohl im Dorf.

Danke Martina T.!
Marco F.

Diesem beleidigenden Brief war noch ein weiteres beschriebenes Blatt beigelegt:

Wenn ich wirklich falsch gewesen wäre mit einem schlechten Gewissen wie du, hätte ich mir gar nicht die Mühe gegeben dir zu schreiben. Anstatt dessen hätte ich deine Adresse rausgefunden und anonym telefoniert, dass du mir nicht „die scatole rompere“ sollst, und dir hättest nicht gewußt wer es ist.
Aber ich bin von Prinzip aus kein „vigliacco“ wie du!*

Was meinst du weil ich mit deinen paar halbstarken Freunden-Fetzer dein Hirn mit Techno-Musik voll stopfst und so in einer Art chemisch-emotionale Potenz kommst die anderen um die Nase führen kannst!!
Dein Hirn und diejenigen deines Fetzers (Freundes) oder Fetzer (Freunde) sind „liquid“ – Scheiße pur, Verblödung ersten Grads.
Man braucht euch nur anzuschauen.
Die Hennen auf den Bauernhöfen haben ein viel ausgeprägteres Hirn und eine vielfach höhere Intelligenzquote.

* *vigliacco: Feigling*

Die Tränen schossen mir in die Augen. Dabei wollte ich nie wieder wegen Marco F. weinen. Oh mein Gott, so viele schlimme Worte, so viele Verleumdungen, so viele verdrehte Tatsachen! Wie krank war *er* eigentlich? *Er* war völlig paranoid. Es musste endlich Schluss damit sein!
Seit einem Dreivierteljahr hatte ich nun mit Marco F. zu tun. Es war nicht das erste Mal, dass *er* die ganze Geschichte zu verdrehen versuchte. Bereits beim ersten Mal hatte *er* es geschafft, dass ein ausgebuffter, erfahrener Journalist seine unglaubwürdige Geschichte für bare Münze nahm und sie veröffentlichte. Einmal war *er* damit bereits durchgekommen, und jetzt beleidigte *er* in diesem Brief genau diesen Journalisten.
Jetzt versuchte *er* sogar die Geschichte komplett zu verdrehen. War *er* zu verrückt, um Realität von Erfundenem zu unterscheiden? Doch ich glaubte das keine Sekunde lang. Marco F. war ein gewiefter Theaterspieler und dieser Brief nur ein weiterer, genau geplanter Akt in diesem ganzen Drama, in dem ich die Hauptrolle spielte. *Er* täuschte andere Menschen perfekt, sodass *er* immer wieder durch jede Lücke schlüpfen konnte, ohne belangt zu werden. *Er* versuchte, *seine* Opfer zu manipulieren und wahrscheinlich gelang *ihm* das auch, da *er* sich stets blutjunge Opfer wie mich aussuchte.
Und dieser Brief ... Marco F. hatte ihn wohl nur geschrieben, um sich abzusichern. *Er* wusste, dass ich den Brief wieder zu den Carabinieri bringen würde, dass wieder eine Anzeige folgen würde, und *er* wollte wohl schwarz auf weiß jede Schuld von sich weisen. Marco F. war listig und verfügte über genügend Erfahrungen mit Polizei, Psychiatern und Krankenhaus.
Ich las die vielen Beleidigungen und Beschimpfungen in dem Brief ein zweites Mal, aber irgendwie prallte alles an mir ab. Es reichte! Ich hatte genug Tränen vergossen, es lohnte sich nicht. Ich wusste, wie es wirklich abgelaufen war.

Oft genug hatte ich mich gefragt, ob ich *ihn* auf irgendeine Weise in die Enge getrieben haben könnte. *Er* aber sprach im Brief von einer Zeit, in der ich überhaupt noch nicht wusste, wer *er* war, an mir konnte es also nicht liegen. Im Dezember war ich kaum mit der Bahn gefahren, höchstens wenn ich an einzelnen Tagen den Bus versäumt hatte. Mich ließ es vollkommen kalt, dass *er* schrieb, dass ich „wie Scheiße" aussähe. Ich war ein nervliches Wrack. Ich konnte mich selbst nicht mehr im Spiegel ansehen. Ich fühlte mich hässlich und blass, gezeichnet von monatelanger Qual und unendlichem Kummer, ich war erloschen. Aber das alles machte mir nichts mehr aus, ich hatte sowieso nur noch kurze Zeit zu leben.
Marco F. konnte Gift und Galle versprühen, so viel *er* wollte. Ich hatte mit allem abgeschlossen. Es berührte mich nicht, es tat mir nur Leid für alle anderen im Brief genannten Personen, die *er* so schlimm beleidigt hatte. Ich hatte Angst um jeden einzelnen Menschen in meinem Umfeld. Immer näher kam der Stichtag. Was würde geschehen? Beziehungsweise wie würde es geschehen?

Der unverschämte Stil, in dem Marco F. diesen Brief geschrieben hatte, empörte auch meine Mutter. Sie brachte den Brief zur Carabinieri-Station und erstattete Anzeige. Sie war erzürnt über die bodenlosen Frechheiten, die Beleidigungen und Unterstellungen. „Jetzt reicht es mir endgültig mit diesem kranken Typen", wütete sie. „Die Polizei muss endlich mal etwas gegen ihn unternehmen, so kann es doch nicht mehr weitergehen!"

Die Polizei tat nichts. Im Jahr 2000 waren ihr gesetzlich die Hände gebunden.
Auch der Kommissar erstattete Anzeige wegen Beleidigung bei den Carabinieri, er war verständlicherweise ebenfalls wütend, als meine Mutter ihm den verachtenden Brief vorlegte. Doch auch die Anzeige von einem hohen Beamten nützte uns nichts.

Mein 20. Geburtstag

Der Gedanke an ein rauschendes Geburtstagsfest schien mir so fern und fremd wie nur irgendetwas. Seit Tagen stand für mich fest, dass ich am 24. Oktober 2000 keinen Schritt aus dem Haus machen würde. Meine düsteren Gedanken aber behielt ich für mich.

In der Nacht zuvor hatte ich kaum geschlafen. Unerbittlich rückte der Zeiger auf dem Wecker voran. Resigniert lag ich in meinem Bett und wagte es nicht, die Augen zu schließen, bis es Zeit war aufzustehen.
Die Glückwünsche meiner Eltern am Morgen meines 20. Geburtstages ließ ich teilnahmslos über mich ergehen, auch wenn ich mich äußerst bemühte, eine fröhliche Miene zu machen.
„Heute muss ich sterben", hämmerte es unaufhörlich in meinem Kopf, selbst dann noch, als ich das Hupen auf der Straße hörte. Karl ließ es sich nicht nehmen, mich an jenem Tag persönlich zur Arbeit zu bringen. Ahnte er etwas?
Kurz, aber bewusst fiel der Abschied von meinen Eltern aus. Ich wollte ihnen nicht zeigen, dass ich Angst hatte und mir jeder Schritt widerstrebte. Ich wollte, dass alles war wie sonst auch. Immer stärker wurde in mir das Gefühl, dass ich leben wollte, dass mein Leben noch viel zu kurz gewesen war, dass ich noch viel mehr erleben und erreichen wollte! Durch Marco F. waren meine Träume und Wünsche in weite Ferne gerückt. Es galt für mich plötzlich nur mehr, mein Überleben zu sichern.

„Hallo!", nur kurz grüßte ich Karl, ich war in Gedanken. Schweigend fuhr er mich zu meiner Arbeitsstelle, ich wollte nicht reden – ich musste aufpassen. Immer wieder ertappte ich mich, wie mein Blick jeden Baum, jeden Strauch am Straßenrand streifte. Wo Marco F. wohl gerade sein mochte? Lauerte er bereits irgendwo? Wartete er nur, bis er mich irgendwo sehen würde? Niemals hätte ich an jenem Tag das Haus verlassen, wenn ich mit den öffentlichen Verkehrsmitteln hätte fahren müssen. Gänsehaut überkam mich. Wo bist du?

Vor dem Gebäude, in dem ich arbeitete, stieg ich, nach möglichst unauffälliger Lage-Kontrolle, aus Karls Auto aus und lächelte noch einmal so unbeschwert wie möglich in seine Richtung. Aber mein Blick schweifte verängstigt über den Gehweg, die Einbahnstraße und die Fenster der gegenüberliegenden Häuser.
„Siehst du mich?“, flüsterte ich.
Es waren nur wenige Schritte bis zur Eingangstür, ich lief hastig hin. Den Schlüssel hatte ich bereits in der Hand, um die Türe schnell zu öffnen und hinter mir gleich wieder zu verschließen.
Karl wartete, bis ich ihm vom Bürofenster aus zuwinkte, und fuhr dann weg. Vielleicht sah ich ihn jetzt zum letzen Mal.
Bedrückt setzte ich mich hin und schaltete den Computer ein. Zwar war ich vorerst wohl sicher, doch bei jedem Geräusch schreckte ich auf. Ich beantwortete die Kurznachrichten mit Glückwünschen, die mir Freunde auf mein Handy schickten, und fragte mich bei jeder SMS, ob es wohl die letzte in meinem Leben sein würde.

Die monatelange Verfolgung durch Marco F. hatte mich mürbe gemacht. Obwohl ich noch viel erleben wollte, hatte sich in mir eine große Resignation breitgemacht. Ich hoffte nur, dass es schnell gehen würde, egal welches Ende Marco F. für mich bereithielt.

„Martina, gehst du heute nicht Mittag essen?“ Mein Chef steckte seinen Kopf zur Tür herein und schaute mich fragend an. Normalerweise verließ ich seit einiger Zeit wieder gegen 12.30 Uhr das Büro, um mir eine Dreiviertelstunde Mittagspause in einem nahe gelegenen Bistro zu gönnen.

Ich konnte mich nicht ewig mittags im Büro verkriechen. Einmal in der Woche lud mich ein bekanntes Ehepaar zum Mittagessen ein. Ich war heilfroh, jeden Mittwoch gaben mir diese Bekannten ein Stück Normalität zurück.
Ich schüttelte den Kopf. „Nein, ich habe für heute etwas mitgenommen“, sagte ich leise und kramte wie zum Beweis ein belegtes Brot aus meiner Tasche. Obwohl für mich bereits seit dem Morgen feststand, dass ich heute nichts hinunterbringen konnte, biss ich symbolisch hinein. „Tschüss!“

Irgendwie den Tag überstehen und den Abend überleben. Das war mein einziges Ziel an meinem 20. Geburtstag. Ein trauriges Ziel für eine junge Frau an ihrem runden Geburtstag. Immer wieder blickte ich auf die Uhr. Kurz nach 17.30 Uhr packte ich meine Sachen zusammen und blickte immer wieder angespannt aus dem Fenster, um zu prüfen, ob Karl bereits gekommen war. Er hatte versprochen, er würde mich abholen.

Pünktlich um 17.45 Uhr stand ich am Bürofenster und starrte erwartungsvoll auf die Straße, bis ich die vertrauten Lichter von Karls Auto sah. Gott sei Dank, er hielt Wort! Fürs Erste war ich erleichtert, der Weg nach Hause war gesichert.
Ich griff nach meiner Tasche und wartete noch im Büro, bis ich Karl sicher vom Fenster aus sehen konnte. Mit einem kurzen, gewohnten „Bis morgen!“ ließ ich die Tür hinter mir zufallen und rannte dann wie eine Verrückte die Treppe hinunter. Nur schnell ins Auto! Ansonsten würde es vielleicht kein Morgen mehr geben.
Dort angekommen, lehnte ich mich erleichtert zurück, ich atmete tief durch, geschafft. Karl lachte mich an, und ich war dankbar, dass er nichts von den düsteren Gedanken, die ich den ganzen Tag mit mir herumgetragen hatte, ahnte. Er manövrierte das Auto geschickt aus der vom Abendverkehr geplagten Stadt und wir fuhren nach Hau-

se. Mit jedem Meter, den wir hinter uns ließen, fühlte ich mich freier, auch wenn ich noch nicht wusste, was mich vielleicht zu Hause noch Schlimmes erwarten würde.
Es war bereits nach 18 Uhr, aber von Marco F. bisher keine Spur. Hatten wir *ihn* ausgetrickst? Wartete *er* am falschen Ort auf mich? Oder hatte ich mir unnötig Sorgen gemacht und wollte Marco F. mir mit seiner Drohung nur meinen 20. Geburtstag vermiesen? Wollte *er* vielleicht „nur“ verhindern, dass ich meinen Geburtstag unbeschwert mit Freunden und Familie feierte?
Der Abend verlief ruhig, es gab Kuchen und Geschenke von meinen Eltern und als ich mich ins Bett legte, glaubte ich es geschafft zu haben – zumindest für diesen einen Tag noch.
Es war nichts passiert. Auch meine Eltern hatten von keinem unangenehmen Zwischenfall mit Marco F. erzählt, es gab nicht einmal einen anonymen Telefonanruf.
Schwieg er nur oder war es nun endlich vorbei?

Er war überall

Es war noch nicht vorbei, auch wenn sich die Intensität von Marco F.s Bemühungen deutlich verringert hatte. Ihm blieb als Waffe vorerst nur mehr das Telefon, da er mir nirgendwo mehr auflauern konnte. Er rief weiterhin regelmäßig bei uns an, wobei er kein Wort sprach, sondern nur am Hörer hing und hörbar atmete.
Trotzdem schien es, als würde er langsam lockerlassen. Vielleicht, weil er nicht mehr in unser Dorf durfte, vielleicht auch – ich wagte nicht daran zu denken –, weil er irgendwo ein anderes Opfer gefunden hatte.

Immer mehr Puzzle-Steine setzten sich nun immer deutlicher zusammen und immer klarer wurde mir, dass Marco F. von meiner Person in irgendeiner Weise besessen sein musste. So erzählte mir eine Freundin, dass ihr die Wirtin unseres Stammrestaurants, unseres Dorfgasthauses, von einem seltsamen Mann berichtet hatte, der lange ein Foto an der Pinnwand im Lokal betrachtet hatte.
Er hatte die Wirtin um dieses Foto gebeten, denn es zeige eine Freundin von ihm, die in Mailand studiere, und er würde ihr dieses Foto gerne schenken.
Das Foto stammte von einer verrückten Faschingsparty, wo jedermann geschminkt und verkleidet war – und das Foto zeigte mich! Dabei hätte ich mich auf dem Bild, aufgrund der vielen Schminke, fast selbst nicht mehr erkannt. Marco F. anscheinend hatte mich sofort erkannt, obwohl dort hunderte Fotos hingen. Er musste gewusst haben, dass ich an Fasching dabei war, wie hätte er mich sonst unter all den Aufnahmen überhaupt entdecken können?
„Die Wirtin hat ihm das Foto nicht ausgehändigt, da sie deine Geschichte kennt und weiß, dass du nicht in Mailand studierst“, erzählte meine Freundin weiter.
Oh, wie ich mich ärgerte! War denn nie Ruhe? Um das Foto in dem Restaurant kümmerte ich mich sofort. Ich ging dorthin und erhielt es von der sehr verständnisvollen

Wirtin, die es vorsorglich schon mal von der Pinnwand genommen hatte. „Von mir bekommt keiner ein Foto, das ich auf einer Fete gemacht habe, und schon gar nicht, wenn er mir Lügen auftischt! So gut kenne ich dich, dass ich weiß, dass du niemals irgendwo studiert hast", tröstete mich die Wirtin. „Lass den Kopf nicht hängen, du nimmst das Foto mit und gut ist. Aus den Augen aus dem Sinn. Das hoffe ich jedenfalls für dich! So kann er das Foto wenigstens nicht klauen. Mach damit, was du willst, *der* bekommt es jedenfalls nicht!" Auf keinen Fall wollte ich riskieren, dass das Foto in Marco F.s Hände geriet. Ich klebte es mit mulmigem Gefühl zuhause ins Fotoalbum.

Später erfuhr ich von der Wirtin, dass derselbe Mann kurz darauf nochmals im Lokal aufgetaucht war und abermals mein Foto verlangte. Er sei zornig geworden, als man ihm sagte, dass ich das Foto selbst abgeholt hätte, und war schnellen Schrittes verschwunden. Typisch! Ich war so froh, dass die Wirtin meine Geschichte bereits kannte, denn nur so konnte sie mich auch informieren, wenn es Neuigkeiten gab.

Wir Freunde verbrachten eigentlich jeden Sonntagnachmittag im Dorfgasthaus. Das Lokal war unser langjähriger Treffpunkt. Ab diesem Zeitpunkt fühlte ich mich auch dort nicht mehr sicher. Ich traute mich nicht mehr alleine auf die Toilette im Untergeschoss, nichts war mehr so unbefangen und leicht wie früher.
Allgemein war jeder meiner Schritte genau durchdacht, jedes Vorhaben vorher geplant und jedes Risiko abgewogen. Denn jede falsche spontane Entscheidung konnte vielleicht meine letzte sein. „Ich gehe kurz aufs Klo.", „Ich bin heute nicht im Bus.", „Ich bin in zehn Minuten da!", über jeden Schritt gab ich allen Menschen in meinem Umfeld Rechenschaft ab, überall sicherte ich ab, dass jeder wusste, wo ich war. Für meine Freunde war es irgendwann normal. Mit Fremden ging ich manchmal

nicht gerade sanft um, auf blöde Sprüche folgten schroffe Antworten von mir. Ich ließ allen Frust an Menschen aus, die mir durch irgendeine Geste zu nahe kamen. Es war mein Schutzschild und es war mein Ventil, um nicht durchzudrehen.

Noch einmal begegnete ich Marco F. Obwohl ausgewiesen, trieb er sich noch immer in Bozen und Umgebung herum. Dass er sich neue Opfer gesucht hatte, erfuhr ich erst Jahre später, als ich zufällig einen Bekannten eines dieser Mädchen kennenlernte. Wie viele Opfer es insgesamt waren, das werde ich wohl nie erfahren.

Inzwischen verlief mein Leben wieder in ruhigeren Bahnen, auch wenn für mich nichts mehr so war wie vorher. Schon die häufigen Bauch- und Kopfschmerzen erinnerten mich daran, dass mein Leben eine unfreiwillige Wende genommen hatte. Aber irgendwann bemerkte ich, warum mein Leben nur noch dunkel und grau sein konnte: Weil ich eindeutig auf der Schattenseite stand! Und ich wollte mir einen Ruck geben, um wieder auf die Sonnenseite zu wechseln, ich war es leid, mich immer nur zu beugen.

Irgendwann wagte ich es wieder, alleine durch die Stadt zu spazieren und einzukaufen. Es war am Tag vor meiner Einweisung ins Krankenhaus. Gelassen schlenderte ich an jenem Winterabend nach der Arbeit durch die Altstadt, auf der Suche nach den letzten Weihnachtsgeschenken für Familie und Freunde. Ich war total in Gedanken versunken, mein Blick schweifte über den weihnachtlich geschmückten Christkindlmarkt am Waltherplatz. Plötzlich sah ich jemanden mit schnellen Schritten direkt auf mich zukommen. Ich erstarrte und alles geschah wie in Zeitlupe. Es war Marco F., mit *seinem* hüpfenden Schritt, die Hände in den Taschen *seiner* braunen Jacke. *Er* fixierte mich schon von weitem mit seinem strengen, finsteren Blick. Nichts hatte sich verändert: Mein Körper war in eine Art Starre verfallen, bis er sich wieder von alleine in Bewegung setzte und direkt auf Marco F. zuging. Ich konnte *ihm* in der Menschenmenge nicht ausweichen. Keiner von uns beiden

wich aus, weder *er* noch ich. Ich war wie in Trance. Ich beobachtete, wie *er* an mir vorüberging und mich an der Schulter streifte, unsere Blicke trafen sich.
Mein Herz klopfte wie verrückt, ich drehte mich um, mein Blick haftete an *ihm*, bis *er* in der Menschenmenge verschwunden war. Und dann schoss plötzlich diese entsetzliche Furcht in mir hoch und ich fing an zu laufen. Ich musste weg von hier! Weg von diesem Platz! Ich rannte los, auch wenn ich nicht wusste, wohin. Es gab niemanden, zu dem ich hätte laufen können, ich war alleine. Immer wieder drehte ich mich hektisch um, obwohl ich ihn schon längst nicht mehr sehen konnte. Die Weihnachtsmusik dröhnte in meinen Ohren, die Lichter schienen plötzlich schrecklich grell, die Menschen standen mir im Weg. Starrten sie mich an? Alle möglichen Emotionen kämpften in mir um die Oberhand. Wut, Ohnmacht, Zorn, Mut, Angst, ich hätte schreien können, weinen, aber ich hörte nicht auf zu laufen. „Du bist verrückt, bleib stehen!", sagte mir meine innere Stimme. Ich lief langsamer bis ich schließlich zitternd stehen blieb, nach Luft schnappte und wieder klare Gedanken fassen konnte.
Vergessen waren die Weihnachtsgeschenke, die ich kaufen wollte. Ich wollte sofort nach Hause, mechanisch setzte ich ein Bein vor das andere, bis ich schließlich beim Busbahnhof ankam. „Ob er auch hier ist?", fragte ich mich. *Er* war schließlich vorher in diese Richtung gegangen. Ich traute mich kaum, den Busbahnhof zu betreten. Ich fühlte mich elendig, ausgelaugt, leer, apathisch. Meine Gedanken kreisten und ich spähte vorsichtig um die Ecke. Und ich dachte mir: „Wenn mich jemand in diesem Zustand sieht, denkt der sicher, ich bin durchgedreht." Mir war zum Erbrechen übel und mein Herz überschlug sich, so sehr raste es. Ich wollte nur noch nach Hause, wollte die sichere Haustür hinter mir schließen und mich ins Bett legen. Der Blick aus Marco F.s Augen hatte gereicht, um mir erneut den Boden unter den Füßen wegzuziehen.

Meine Hoffnung, dass es mit dem Verweis von Marco F. aus meinem Heimatdorf auch mir auf Dauer besser gehen würde, hatte sich nicht erfüllt. Es war nur eine kurze, trügerische Pause gewesen, in der ich etwas Ruhe genossen hatte.

Nun aber war ich am Ende meiner Kräfte. Ich hatte einen harten Weg hinter mir, aber es würde noch härter kommen. Bisher hatte ich vor allem seelisch gelitten, nun traf es meinen Körper. Er kollabierte. Ich bekam wieder Durchfall und Fieber, ich erbrach; unerträgliche Bauchschmerzen zersengten monatelang meinen Körper.

Am Morgen nach der letzten Begegnung mit Marco F. hatte ich mich im Büro krank gemeldet und saß kreidebleich und gezeichnet von einer schlaflosen Nacht im Wartesaal meines Hausarztes. Hinter mir lag eine durchkotzte Nacht mit unerträglichen Durchfällen. Dieses Mal musterte mein Hausarzt mich nicht mehr unwillig und er fertigte mich nicht mehr hastig ab. Er verschrieb mir eine Magen-Darm-Spiegelung. Ich sollte noch am gleichen Tag ins Krankenhaus fahren. Dringend.

Hätte mich die entschiedene Reaktion des Arztes, der mich bis dahin offensichtlich als Hypochonderin eingestuft hatte, beunruhigen sollen? Ich war erleichtert, dass er meine Beschwerden endlich ernst nahm. Ich betrachtete seinen Zettel genauer. Im Krankenhaus sollte ich mich einer Magen-Darm-Spiegelung unterziehen „um Gewissheit zu bekommen“, so seine Worte. Gewissheit worüber? Ich konnte mir nichts unter einer Magen-Darm-Spiegelung vorstellen, aber die besorgte Miene des Arztes sprach Bände. Das war sonst so gar nicht seine Art.

Ich wusste, dass ich der Sache nicht mehr alleine gewachsen war und Hilfe brauchte. Meine Mutter und ich beschlossen, in die Erste Hilfe ins Krankenhaus Brixen zu fahren und dort erst mal nichts von der Anordnung des Hausarztes zur Magen-Darm-Spiegelung zu sagen. Erst wollte ich, dass mich ein anderer Arzt untersuchte.

Und damit begann eine wahre Odyssee.

Unheilbar krank

Eine Blinddarmentzündung könnte es sein. Das war die erste schnelle Diagnose, die ein freundlicher Arzt in der Ersten Hilfe im Krankenhaus stellte. Mittlerweile nahm mir meine Mutter sogar das Sprechen mit dem Arzt ab, denn alles war mir zu anstrengend. Wieder hatte ich Angst. Ich saß da, völlig abwesend und hörte die Stimmen nur von weitem, ich begriff nichts mehr.
Vor allem, als meine Mutter die ständige Übelkeit, unter der ich litt, erwähnte, schien der Arzt mit seiner eigenen Diagnose nicht mehr zufrieden zu sein, untersuchte mich nochmals genauer und sprach eine neue Vermutung aus: „Morbus Crohn".
Darunter konnte ich mir nichts vorstellen, aber schon allein der unheimliche Name der Krankheit und der Tonfall des Arztes ließen nichts Gutes erahnen. Der Arzt schickte mich nach einem kurzen Telefonat mit einem Kollegen, in dem viele Fachausdrücke fielen, zum Internisten. Dieser machte eine Ultraschall-Untersuchung. Anschließend griff er zum Telefon, wählte eine interne Nummer und sagte leise: „Du hattest recht, leider, es ist, wie du vermutet hast. Und jetzt? Ja, erst 20." Er klang betroffen.
Es wurde Blut abgenommen und ich hatte nicht einmal mehr die Zeit, über die Worte des Internisten nachzudenken, da saß ich schon vor einer Psychologin. Diese Psychologin war der erste Mensch seit langem, der meine Geschichte noch nicht kannte, und ich ließ meinen Worten freien Lauf. Ich redete, weinte, schluchzte, fand nicht die richtigen Worte. Als ich nicht mehr sprechen konnte, sprach meine Mutter für mich weiter. Doch schließlich ergab sich für alle nur mehr eine einzige logische Erklärung, auch wenn ich es anfangs nicht glauben wollte: „Dieser Mann hat Sie krank gemacht!", so die Psychologin überzeugt. Ihre Worte waren wie ein Schlag ins Gesicht.

Die monatelange Verfolgung durch Marco F. und die psychische Belastung für mich, die sich daraus ergeben hatte, hatte nun auch physische Schäden bei mir verursacht. Morbus Crohn, so erfuhr ich, ist eine chronische Entzündung des Dünn- und Dickdarmes, und sie ist unheilbar. Zurzeit litt ich unter einem akuten Entzündungsschub. Aber damit nicht genug, die Krankheit würde mich ein Leben lang begleiten.
Diese Diagnose zog mir den Boden unter den Füßen weg. War das das Ende, das Marco F. für mich ausgesucht hatte? Wie konnte ich mir eine unheilbare Krankheit zugezogen haben? Konnte das so passieren, wie man sich einen Schnupfen holt? Wie sollte es bloß weitergehen? Was für einen Sinn hatte mein Leben noch? Ich war noch nie ernsthaft krank gewesen und nun litt ich plötzlich an einer unheilbaren Krankheit. Die härteste Probe, die ich in meinem jungen Leben zu bewältigen hatte, stand bevor. Und sie stand vor mir wie eine unüberwindbare Mauer.

Währenddessen liefen die Vorbereitungen für meine stationäre Aufnahme. Ich begleitete meine Mutter noch bis zu ihrem Auto, um einige Dinge abzuholen, die ich für den Krankenhausaufenthalt bereits vorsorglich mitgenommen hatte. Ich hatte bereits geahnt, dass ich heute nicht mehr nach Hause zurückkehren würde. Zahnbürste, Zahnpasta, einen Kamm, ein Nachthemd … Meine Mutter und ich sprachen kein Wort, und mir fiel ein, dass ich Karl versprochen hatte, ihn anzurufen, sobald ich ein Untersuchungsergebnis hatte. Er litt selbst unter einer chronischen Nierenentzündung. Er war momentan der Einzige, der mich verstehen würde, entschied ich. Erst ein paar Tage zuvor war ich mit ihm und seinen Geschwistern noch in München bei einem Weihnachtsbummel gewesen. Es war ein fröhlicher Tag gewesen, auch wenn ich im Bus starkes Nasenbluten gehabt und mich körperlich sehr schwach gefühlt hatte. Fröhliche Tage würde es von nun an nicht mehr für mich geben, das wusste ich.

Karl erschrak, als ich ihm in Kurzfassung erzählte, was man bei mir diagnostiziert hatte, aber das erfuhr ich erst viel später. Er versuchte mich zu beruhigen und versprach mir, mich noch am selben Abend im Krankenhaus zu besuchen. Er wusste, was es heißt, längere Zeit im Krankenhaus zu verbringen und mit solch einer Diagnose fertig werden zu müssen. Niemand verstand mich momentan besser als er.
Ich hatte nicht viel Zeit für weitere Gedanken oder Telefonate, denn mein Krankenbett stand schon bereit und die nächsten Untersuchungen standen bevor. Ich musste zurück in mein Krankenzimmer.

Die Frau neben mir im Krankenzimmer schluchzte. „Es tut furchtbar weh und ich ertrage den Gedanken einfach nicht mehr, dass ich das immer wieder über mich ergehen lassen muss. Ich kann so nicht weiterleben, so hat es keinen Sinn mehr." Ich war völlig perplex, dass sie mich sofort ansprach und begann ein Gespräch mit ihr, auch wenn ich im Moment mit mir selbst genug zu tun gehabt hätte. Sie sprach von der Magen-Darm-Spiegelung, die mich am nächsten Vormittag erwartete. Sie hatte sie soeben zum x-ten Mal hinter sich gebracht. Die arme Frau litt seit Jahren an Morbus Crohn und sie erzählte mir Horrorgeschichten über den Verlauf ihrer Krankheit.
Ich hielt es kaum aus. Ich musste erst meine eigenen Gedanken sortieren, ich wollte nicht wissen, was mich erwartete. Sie weinte, ich weinte und ich fühlte mich elend. Zudem scharten sich gleich drei Ärzte um mein Bett und diskutierten, warfen mir ab und zu einen mitleidigen Blick zu und vertieften sich wieder in ihre Notizen. Ich lag da wie ein Objekt, über das man diskutierte und sich beratschlagte. Daran sollte ich mich wohl besser gleich gewöhnen.
Ich hatte bereits ein EKG und mehrere Checks hinter mir, denen Urin-, Stuhl- und weitere Blutproben folgten. „Es gibt einen Verdacht auf Morbus Crohn, das wäre nicht

gut für Sie, junge Frau“, hatte ich die Worte des ersten Arztes noch immer in den Ohren. Auslöser der Krankheit wäre ohne Zweifel die psychische Belastung über einen längeren Zeitraum gewesen, der ich durch Marco F. ausgesetzt gewesen war.
Ich wusste, dass mir schwere Stunden und Tage bevorstanden, und in Gedanken wünschte ich Marco F. die Pest an den Hals. Stündlich trank ich eine ekelhafte Flüssigkeit mit abführender Wirkung zur Darmreinigung und saß im Minutentakt auf der Toilette. Ich bekam Infusionen, um zu Kräften zu kommen, ich durfte nichts mehr essen, aber ich hatte sowieso keinen Appetit. Dieses eklige Zeug, das ich trinken musste, erbrach ich, kaum, dass ich es geschluckt hatte. Und die Krankenschwester hielt mir eine Standpauke, dass ich es doch bei mir behalten solle, weil es sonst nicht wirke und sie es mir umso öfter verabreichen müsse. Oh nein, das war mir Warnung genug, ich bemühte mich nicht mehr zu erbrechen und würgte und zwang mich zu schlucken. Ich saß einfach nur mehr auf meinem Bett und heulte in die Papiertaschentücher, die mir meine Mutter dagelassen hatte. Und alle paar Minuten rannte ich auf die Toilette, ich hatte unerträglichen Durchfall. Schließlich entschied ich mich, gar nicht mehr ins Zimmer zurückzugehen, der Weg war zu beschwerlich. Also blieb ich, mit dem Tropf am rechten Arm, auf der Toilette. Ich fror und ich war müde. Die Nacht war unerträglich, ich bekam sogar den Rat, eine Windel anzuziehen, um beruhigt schlafen zu können. Doch das kam für mich nicht in Frage. Welche Demütigung sollte noch kommen?
Ich bekam kein Auge zu. Die Nachtschwester, die den Gang entlanglief, lächelte mich an und versuchte mich aufzumuntern. „Was für eine Nacht, uns beiden ist heute wohl kein Schlaf gegönnt!“

Am Morgen wurde ich mitsamt dem Bett zur Magen-Darm-Spiegelung abgeholt und ich fragte noch, warum

wir das Bett brauchten. „Wir nehmen es einfach mal mit!“, sagte die übertrieben gut gelaunte Krankenpflegerin.
Ich wurde betäubt und fand mich beim Aufwachen im Bett im Krankenhausgang wieder. Ich hatte es hinter mir! Dass man mir mit einem Schlauch in den Darm und mit einem weiteren über den Hals bis in den Magen eingedrungen war, der Gedanke daran demütigte mich. Doch ich erinnerte mich kaum an die Spiegelung, ich hatte nur verschiedene bunte Farben auf einem Monitor gesehen und war eingeschlafen. Gespürt hatte ich kaum etwas. Ich hatte geschlafen und ich war dankbar dafür. Dank Narkose hatte ich dieses äußerst unangenehme Ereignis recht problemlos hinter mich gebracht.
In meinem Zimmer beschloss ich, meine Mutter anzurufen. Wie ich das geschafft habe weiß ich bis heute nicht. Ich erinnerte mich jedoch später nicht einmal mehr, dass ich sie überhaupt angerufen hatte. Eine Stunde später rief ich meine Mutter dann noch einmal an und sie sagte nur erstaunt: „Martina, das hast du mir doch alles schon erzählt!“ Ich war erstaunt darüber, dass ich mich an das erste Telefonat überhaupt nicht mehr erinnern konnte.

Nach den umfangreichen Untersuchungen hatte man die Bestätigung der vermuteten Diagnose. Morbus Crohn. Ich wusste noch nichts damit anzufangen, aber ich beugte mich der Medizin und bemühte mich, alle Anweisungen genau im Kopf abzuspeichern. Was blieb mir auch anderes übrig? Die Dosis des Medikaments, das ich nun täglich nehmen musste, wurde auf 3x täglich angesetzt. Also schluckte ich dreimal täglich eine entzündungshemmende Tablette. Diese schon recht hohe Dosis wurde nach den genauen Laborbefunden noch verdoppelt. Und ich wurde angewiesen, streng auf meine Ernährung zu achten, solange die Entzündung akut verlief: kein Gemüse, kein Obst, kein Vollkorn … die Liste ließ sich fast unendlich fortsetzen. In nächster Zeit gab es für mich nur weißen

Reis, Nudeln ohne Sauce, Zwieback, Wasser und Kräutertee. Von einer Diätberaterin erhielt ich eine Liste mit den erlaubten Lebensmitteln, damit ich wusste, wovon ich wie viel essen durfte und was ich nicht essen durfte. Zusätzlich sollte ich verschiedene Pulver in Wasser auflösen und trinken, um Salze, Mineralien und Vitamine aufzunehmen, all das, was ich in den letzten Monaten verloren hatte. Es schmeckte alles eklig und es würgte mich nach jedem Schluck.
Damit ich nicht schwindeln konnte, achteten meine Mutter und Karl abwechselnd darauf, dass ich die Sachen auch wirklich zu mir nahm und nicht einfach in den Abguss kippte. Mir war nun klar: Ein Leben nach Plan erwartete mich.

Als ich das Krankenhaus verließ, war ich für weitere drei Wochen krankgeschrieben. Die Krankheit war zwar unheilbar, aber durch eine gezielte Lebensweise und durch die Vermeidung von Stress konnte sie in Schach gehalten werden. So erklärten es mir zumindest die Ärzte. Mehr Informationen gab es nicht. Es folgte eine Zeit mit viel Ruhe, aber auch mit großer Ungewissheit.
Ich schlief viel und war sehr erschöpft, jeder Schritt schmerzte. Ich übte, meine Gefühle unter Kontrolle zu behalten.
Der Hass auf Marco F., meinen Peiniger, wuchs ständig weiter an und auch die Erkenntnis, dass ich in den letzten Monaten andere Menschen immer wieder verletzt hatte. Ich hatte ständig die Nerven verloren, war nervös, aufgebracht und aufgeregt gewesen. Ich hatte mich nicht darum gekümmert, was andere Leute von mir dachten, so wütend war ich gewesen. Jede Kleinigkeit hatte zu einem unkontrollierten, lauten Gefühlsausbruch geführt. Ich war bei jeder Kleinigkeit explodiert. Nun versuchte ich wieder eine innere Balance zu finden. Aber ich merkte bald, dass ich das ohne Hilfe von außen nicht schaffen konnte.

Leben mit Morbus Crohn

Ich hatte zu lange gewartet. Ich hatte alles auf mich genommen, die Briefe von Marco F., die unzähligen Anrufe, die Verfolgungen, die vielen schlaflosen Nächte, die Angst um mein Leben ...
Mir wurde immer klarer, dass ich all dem Spuk sofort ein Ende hätte setzen müssen. Sofort, nach dem ersten Brief. Doch nun war es zu spät. Nun musste mein Körper mit den schweren Folgen unserer Hilflosigkeit, mit der wir alle die ganze Sache angegangen waren, umgehen.

Bei einer meiner monatlichen Visiten im Krankenhaus riet mir meine Ärztin einen Kampfsport zu erlernen und zur Psychotherapie zu gehen. Und sie predigte mir, dass ich mich schonen und die Kontrolle über mich selbst behalten müsse, bewusst leben ... und vor allem Zeit vergehen lassen.
„Eine psychische Behandlung ist unerlässlich", riet sie mir eindringlich. Schließlich habe die Krankheit Morbus Crohn im Volksmund einen weiteren Namen, nämlich „Bauchredner". Sie empfahl mir, die gleichnamige Zeitschrift der Vereinigung der Morbus-Crohn-Patienten zu abonnieren. Dort könnte ich mehr über die Schicksale anderer Patienten lesen und verschiedene Tipps erhalten und mich über neue Behandlungsmethoden informieren.
Ich saß da wie ein kleines Häufchen Elend und nickte nur vor mich hin. Psychotherapie, meine Güte, wenn das jemand hörte. Der würde denken, ich hätte einen an der Waffel! Ich konnte und wollte es mir noch immer nicht eingestehen. Ich schob den Gedanke vorerst beiseite und auch die Zeitschrift abonnierte ich nicht. Denn ich hatte im Internet Ausschnitte daraus gelesen. Ich las Berichte über die schmerzhaften Untersuchungsmethoden, über die traurigen Erfahrungen anderer mit dieser Krankheit. Ich hatte bittere Tränen geweint, als ich das las. Ich konnte damit nicht umgehen, die Leute taten mir so leid, ich

tat mir so leid, es war allzu ungewiss, was mich noch erwarten würde. Ich wollte diese Zeitschrift nicht nach Hause geschickt bekommen! Ich wollte nicht wissen, was noch auf mich zukommen würde.
Die Selbsthilfegruppe, die in Bozen in dieser Zeit neu gegründet wurde, besuchte ich nie, auch wenn ich der Vorsitzenden aufgrund eines Aufrufs in der Zeitung eine Kurzmitteilung schickte, in der ich sie für die Idee der Gründung einer solchen Vereinigung lobte. Ich wollte nicht zwischen kranken, leidenden Menschen sitzen und Geschichten hören, die mir Angst machen. Viele an Morbus Crohn Erkrankte können nicht mehr zur Arbeit gehen, werden Sozialfälle, können nicht mehr auf die Toilette gehen und haben künstliche Ausgänge, müssen ständig schlimme, schmerzvolle Untersuchungen über sich ergehen lassen und sind vollgepumpt mit Medikamenten.
Ich wollte einfach nicht akzeptieren, dass diese Krankheit nun vollkommen mein Leben bestimmen würde. Ich wollte meinen Alltag zurück.

Während ich immer wieder in Gedanken versunken darüber nachdachte, wie ich meine Zukunft gestalten und meinen weiteren Weg gehen würde, weinte ich ununterbrochen. Vor allem abends im Bett, wenn alle schliefen und mich niemand mehr aus meinem Gedankensumpf holen konnte. Oft weinte ich mich in den Schlaf und morgens wachte ich mit geschwollenen Augen wieder auf, um mich dem nächsten Tag zu stellen.

Doch schließlich erkämpfte ich mir trotz allem wieder eine gehörige Portion Optimismus, Hoffnung, Mut und Lebenswillen und wollte mich nicht durch schreckliche Geschichten hinunterziehen lassen. Gute Freunde, Unterstützung durch die Familie, Humor, Ziele und glückliche Erlebnisse gaben mir viel Mut zum Weiterleben, und zwar zu einem gesunden Weiterleben.

Ich wollte mich nicht vollends aus der Bahn werfen lassen. Auch wenn meine Krankheit nicht heilbar sein mochte, wollte ich weiterleben wie vorher und das Leben auskosten, so lange mir das gegönnt war. Ich wollte mein eigenes Scherflein dazu beitragen und nichts mehr versäumen. Ich musste erst langsam lernen, meine Krankheit anzunehmen und meine Situation Schritt für Schritt zu akzeptieren. Ab sofort sollte es „mein Crohn“ sein.

Selbsthilfe als Versuch

Etwa zwei Monate nach dem niederschmetternden Befund schien es langsam körperlich bergauf zu gehen. Zwar hatte ich sofort überall große blaue Flecken, wenn ich irgendwo anstieß, dunkle Augenringe und einen noch nie verspürten Druck in den Gesichtsknochen und in den Gelenken, meine Augen schmerzten, mein Haut war fahl, ich war blass und knochig. Aber nach wenigen Tagen heilten die blauen Flecken wieder langsam ab und meine Blutwerte waren so gut wie noch nie, seit meine Krankengeschichte begonnen hatte. Ich musste jeden Monat zur Kontrollvisite im Krankenhaus erscheinen, aber ich war durchwegs optimistisch.
Ich wagte mich nach einigen Monaten wieder mit meinen Freunden in die Diskothek. Aber schon nach kurzer Zeit rebellierte mein Bauch und ich musste mich schleunigst hinsetzen, um nicht umzukippen. So saß ich da und sah meinen Freunden betrübt beim Tanzen zu. Trotzdem, jeder nette Abend machte mir Mut. Ich spürte, wie ich langsam wieder anfing, positiv zu denken, und dass ich es schaffen würde, ins Leben zurückzukehren wenn ich nur wollte. Ich hatte ein Sprichwort gefunden, das ich mir zum Motto machte:

Auf dem Weg des Lebens zählen alle, die ihre Lebensfreude nicht verlieren, zu den Gewinnern.

Ein gutes Motto.

Nach drei Monaten reduzierten die Ärzte meine Dosis auf vier Tabletten pro Tag. Es ging mir weiterhin mittelmäßig gut, ich hatte Höhen und Tiefen. Stechende Schmerzen quälten mich ständig, oft lagen nur wenige Stunden zwischen dem Gefühl „Es geht mir gut“ und „Ich möchte sterben“. Eine falsche Bewegung, etwas Falsches essen, ein wenig Stress, das reichte oft schon aus, um mir das Leben zur Hölle zu machen. Am schlimmsten war es, wenn ich Dinge nicht mehr machen konnte, die ich vorher gerne gemacht hatte. Dann kam die Traurigkeit zurück und die schlimmen Gedanken an die Zukunft arteten aus.

Schließlich schritt meine Mutter ein. „Ich habe von einer Frau gehört, die kranken Menschen die Hand auflegt und ihre Schmerzen lindert. Sie wohnt ganz in unserer Nähe, da gehen wir hin!", eröffnete sie mir eines Abends. Ich war einverstanden.

Noch in derselben Woche machten wir uns auf den Weg zur besagten Heilerin. Als wir auf ihrem Bauernhof eintrafen, begrüßte uns eine ältere, große Frau mit geflochtenen Haaren und bat uns an, am Esstisch in der alten Bauernküche Platz zu nehmen.

Ich fand die Frau gleich auf Anhieb sympathisch.

Sie sah mir prüfend in die Augen. „Du hast Probleme in der Bauchgegend", stellte sie fest.

„Woher weiß sie das?", fragte ich mich ängstlich. Mein Herz schlug mir bis zum Hals vor lauter Aufregung. Ich wusste, dass meine Mutter ihr nichts von meinen gesundheitlichen Problemen erzählt hatte und applaudierte insgeheim für die treffende Diagnose, die die fremde Frau auf den ersten Blick gestellt hatte.

Die Frau setzte sich auf einen alten Stuhl neben mir. Sie legte ihre Hand auf die schmerzende Stelle auf meinem Bauch und wartete zuerst ab. Ich legte all meine Hoffnung in die Hände dieser Frau.

Plötzlich spürte ich ein warmes Gefühl in meinem Bauch, das immer stärker wurde. Die Frau schien es zu merken.

„Spürst du die Hitze?", fragte sie und schaute mir in die Augen. Ich nickte, während mein Bauch zu schmerzen begann. Es begann zu rumoren und zu blubbern.

„Ich spüre deinen Schmerz, es tut sehr weh!", sagte sie.

Gleich darauf begann die Frau, mit ihrer Hand auf meinem Bauch Kreise zu ziehen und ihn abzuwischen, als würde sie etwas weit von mir abstreifen wollen.
Die gesamte Prozedur dauerte höchstens fünfzehn Minuten. Ich war erschöpft, aber auch erleichtert, als ich mich von der Frau verabschiedete. Ich fuhr mit meiner Mutter und Karl nach Hause. Es war zehn Minuten mucksmäuschenstill im Auto und keiner von uns wagte es, das Wort zu ergreifen. Wir mussten uns erst mal wieder sammeln.

Insgesamt war ich sechsmal bei dieser Heilerin. Sie nahm kein Geld für die Therapie an, aber nach den Begegnungen war ich für lange Zeit fast völlig schmerzfrei.

Zwar ging es mir nach den seltsamen Sitzungen bei dieser Frau körperlich besser, aber meine Seele schrie immer noch nach Befreiung.

Obwohl es wieder Momente gab, in denen ich mich frei und glücklich fühlte, war ich doch meistens bedrückt, traurig, weinerlich und verschlossen. „Du bist manchmal einfach nicht anwesend", beschwerten sich meine Freunde bei mir. Während sie eifrig erzählten und sich unterhielten, saß ich da, träumte und döste vor mich hin, ich hörte ihnen gar nicht zu.
Ich hatte Angst, Durchfall zu bekommen, wenn ich nicht zu Hause war, und wollte kaum noch ausgehen.
Es war mir und meiner Familie klar, dass ich professionelle Hilfe benötigte, um wieder ich zu sein. Die Ärzte im Krankenhaus hatten mir eine Psychologin in Bozen empfohlen, die ich im April 2001 schließlich aufsuchte. Als ich die Stufen zu ihrer Praxis hinaufstieg, war ich mal wieder völlig aufgelöst. Wie würde es sein, mit einer fremden, neutralen Person über all meine Gefühle und meine Erlebnisse im vergangenen Jahr zu sprechen? Ich wusste, dass es nicht einfach werden würde, alles noch

mal zu durchleben. Ich wollte doch endlich vergessen, was gewesen war.
Ich setzte alles auf eine Karte, setzte alles auf diese Unbekannte, mit der ich gleich sprechen würde und der ich mein Innerstes anvertrauen würde. Ich war entschlossen, ihr alles zu sagen. Denn ich brauchte Hilfe und ich würde mir helfen lassen. Irgendwie freute ich mich auf die Treffen, denn bald würde ich alle Sorgen ablegen können. Denn bei Freunden und Familie hielt ich mich weitgehend mit Gefühlen zurück, weil ich nicht wollte, dass sich jemand um mich sorgte.

Schritt für Schritt

Die Praxis der Psychologin befand sich ganz in der Nähe meiner Arbeitsstelle. Ein großes Gebäude, wo mich eine von der Öffentlichkeit finanzierte Hilfe mit einer minimalen Selbstbeteiligung erwarten würde. Empfohlen vom Hausarzt und der Ärztin im Krankenhaus sowie schöngeredet von meiner Familie, meinen Freunden und Bekannten, was sollte also noch schiefgehen?
„Du musst dir dort helfen lassen, damit es dir wieder besser geht." So die einhellige Meinung aller. Dies sollte also mein nächster Schritt in Richtung „Befreiung" werden. Und ich wollte diesen Schritt gehen.
Nach der sechsten Sitzung verabschiedete ich mich von der Psychologin. Ich fühlte mich missverstanden und nicht gehört und beschloss, dass mir auf diese Weise nicht geholfen werden konnte. Dieser Schritt in Richtung psychologische Betreuung brachte mich nicht weiter. Es reichte. Es musste einen anderen Weg geben.

„Ein Hund kann Ihnen die nötige Sicherheit geben, mit ihm können Sie spazieren gehen, Sie haben Bewegung und er lenkt sie von Ihren Problemen ab und beschützt Sie", empfahl meine Ärztin bei der nächsten Visite. Ein Hund? Ich liebte Tiere, aber konnte ein Hund wirklich die Lösung für meine Probleme sein? Ich verließ täglich vor 7 Uhr das Haus und kam erst nach 18 Uhr nach Hause. Ein Hund braucht viel Zeit, und die konnte ich ihm nicht bieten.
Ein Hund war also keine Lösung für mich. Diese Variante schied gänzlich aus. Aber spazieren, turnen, viel Bewegung, ja, das ging für mich in Ordnung, also besuchte ich ab sofort einen Aerobic-Kurs. Um mich sicherer zu fühlen, besuchte ich einige Zeit später einen Selbstverteidigungskurs. Dieser Kurs gab mir ein Stück Sicherheit zurück. Trotzdem dachte ich immer wieder: „Es ist zu spät! Wenn ich das doch früher gelernt hätte, man hätte

mir gegebenenfalls als Frau außer Notwehr nichts vorgeworfen!“

Ich nahm fleißig meine Tabletten und versuchte Normalität in meinen Alltag zu bringen, so gut es ging. Die Gedanken an Marco F. rückten zeitweise in den Hintergrund, ich hatte alle Hände voll mit mir und meiner Wiedereingliederung zu tun.
Die nächste Visite lag Gott sei Dank noch in weiter Ferne. Hitzewallungen und Schüttelfrost quälten mich oft gleichzeitig, ich hatte einen starken Druck in meinen Augen, ich hatte Sehstörungen. Ich war so müde, dass ich jederzeit hätte einschlafen können und hatte im rechten Arm und Bein ein eigenartiges lahmes Gefühl, sobald meine Kopfschmerzen wiederkehrten. Die Ärztin tat dies alles als Nebenwirkung meiner Krankheit ab. „Halb so schlimm. Immer positiv denken“, bemerkte sie, als ich ihr am Telefon davon erzählte.
Mir wurde klar, dass auch die Medizin an ihre Grenzen stieß und dass ich mit meiner Krankheit und all den Nebenwirkungen zeitweise alleine sein würde. Ich musste wohl oder übel mit Kompromissen leben lernen.
Ich hatte zu allem Übel eine Krankheit erwischt, welche kaum bekannt und noch wenig erforscht war. Genaue Ursache und Behandlungsmethoden – Fehlanzeige, Bücher in der Buchhandlung – Fehlanzeige, hundertprozentig zuverlässige Ernährungstipps gab es nicht.

Ich entschied mich für eine Pranatherapie und Akupunktur als Unterstützung zur Schulmedizin. Als ich begriff, dass ich mein Leben wieder selbst in die Hand nehmen musste und es an mir lag, etwas zu ändern, stellte sich insgesamt eine Besserung meines Befindens ein. Ich nahm sogar wieder an Gewicht zu.

Seelisch hatten mich meine Erlebnisse aber weiterhin voll im Griff. Es verging für mich kein Tag und keine Nacht,

ohne an Marco F. zu denken. Und wenn ich einmal nicht an *ihn* denken musste, dann sah ich *ihn* in jedem Mann mit Glatze, in jeder braunen Jacke, in jedem Mann mit hüpfendem Schritt. Ich war immer auf der Hut, immer abweisend. Auch gegenüber anderen, unbeteiligten Personen reagierte ich teilweise verhalten, oft sogar aggressiv. Diese Haltung war schon so Teil meines Ichs geworden, dass es mir gar nicht mehr bewusst war. Die anderen wiesen mich darauf hin, wie sehr ich mich verändert hatte, wie ich mich von einem freundlichen, fröhlichen, jungen Mädchen zu einer misstrauischen, aggressiven Frau verwandelt hatte. Ich verhielt mich gerne aufmüpfig und rebellisch, ich konnte nicht mehr lieb und nett sein. Und ich wollte das auch nicht sein. Ich verlangte Ehrlichkeit und genauso ehrlich und direkt war ich dann zu den Menschen, mit denen ich zu tun hatte. Wahrscheinlich vergraulte ich mit meiner schroffen Art auch sehr viele nette Menschen, die mir nur Gutes wollten. Ich konnte einfach nicht mehr Vertrauen fassen.
Ich war ständig am Grübeln und ich verstand selbst nicht, warum ich relativ lange gebraucht hatte, um die Parallelen zwischen Marco F. und meiner Krankheit zu finden. Beides kam langsam, unerwartet, schleichend. Beides war lange im Unterbewusstsein verborgen und quälte mich insgeheim und beides kam plötzlich und schlagartig ans Tageslicht. Marco F. war schon lange da gewesen, bis wir ihn entlarvten. Meine Krankheit war ebenfalls schon lange da, aber die Diagnose kam erst spät. Beides kam ohne Vorwarnung und ohne mein Zutun. Ich trug keine Schuld. Doch die Folgen durfte und darf ich weiterhin tragen.

Es kam der Tag der Wahrheit, dem ich schon so lange ängstlich entgegengefiebert hatte: Die nächste Magen-Darm-Spiegelung Ende 2001 war einfach nur schrecklich. Ich beschloss, eine solche Prozedur nie mehr über mich ergehen zu lassen. Solange ich mich noch wehren konnte, würde ich so etwas nie wieder erleben, dachte ich. Aber insgeheim wusste ich bereits, dass ich auch in Zukunft nicht davor verschont bleiben würde. Es gab nur diese Untersuchungsmethode, um sichere Diagnosen stellen zu können.

Fast genau zwei Jahre, nachdem mich Marco F. das erste Mal verfolgt hatte, erhielt ich schließlich den neuen Befund von meiner Ärztin. Gleich nach den Weihnachtsferien 2002 rief ich im Krankenhaus an. „Der Darm ist laut letzten Untersuchungen zurzeit gut ausgeheilt und die Schleimhäute sind normal!" Ich brachte kein Wort mehr heraus. Es war unvorstellbar für mich. Würde nun doch noch alles gut werden und würde es so bleiben? Ein Lächeln überflog mein Gesicht. Meine Ärztin empfahl mir, weiterhin körperlich zu trainieren und mich fit zu halten, mich viel an der frischen Luft zu bewegen sowie weiterhin Gehirn- und Körpertraining zu absolvieren, über meine Gefühle zu sprechen und nicht an meine Krankheit zu denken. Weiterhin musste ich täglich zwei Tabletten nehmen, wobei die Dosis später auf eine Tablette reduziert wurde.

Als ich den Telefonhörer auflegte, war ich fassungslos vor Glück. Ich stand wieder am Anfang eines neuen Lebens, ein Leben ohne Marco F.

Ich wollte wieder am Leben teilhaben, so wie früher. Doch das war schwierig für mich geworden. Der Umgang in meiner Clique war nicht mehr so unbeschwert wie vorher. Mit meiner Krankheit umzugehen war für die meisten meiner Freunde schwierig. Kaum jemand erkundigte sich mehr nach meinem Befinden. War ich mit meinen besten Freundinnen zusammen, wurde das Thema einfach totgeschwiegen.

Eine Ausnahme waren einige Freunde und Willi, der damalige Freund meiner Freundin; er besuchte mich fast täglich, um kurz mit mir zu plaudern. Willi war mir von

Anfang an beigestanden und er sorgte sich ehrlich um mich.

Meine Mutter schickte mich zum Friseur. „Du brauchst mal wieder eine Veränderung!“, meinte sie. „Wenn Frauen im Leben einen neuen nächsten Schritt tun, ändern sie ihre Frisur.“ Marco F. hatte in einem Brief meine hässlichen roten Haare erwähnt, daher wollte ich mich – wenn auch nicht ihm zuliebe – davon trennen.
Ich ging zum Friseur im Dorf. Ich hatte schon von dem neuen, jungen, begabten Mitarbeiter gehört und freute mich, als ich das Glück hatte, bei ihm an die Reihe zu kommen. Während er mir blonde Strähnen färbte, hielt er plötzlich inne und sagte zu meinem Spiegelbild: „Was muss einem jungen Mädchen passiert sein, dass es so traurig aussieht wie du?“
Da kullerten mir die Tränen übers Gesicht und der schwarze Schatten war wieder da. Der junge Mann hatte, ohne es zu wollen, in meiner offenen Wunde gestochert. Auch ohne mich zu kennen, sah man mir an, dass es mir nicht gut ging, dass etwas mit mir nicht stimmte.

Über die Person, die mein Elend ausgelöst und verschuldet hatte, über Marco F. selbst, wusste ich auch nach Jahren noch immer nichts Genaues. Mal schnappte ich hier eine Information über ihn auf, mal dort.
Ich hatte Marco F. noch ab und zu von weitem in Bozen über einen Platz hasten sehen, immer so, als würde ihn jemand hetzen und verfolgen, mit dem Kopf zwischen den Schultern hängend, den Blick auf den Boden gerichtet.
Jedes Mal erschrak ich, hoffte, dass er mich nicht sehen würde, und suchte sofort das Weite.
Noch immer läuft mir der Schauder kalt über den Rücken hinunter, wenn ich nur an ihn denke.

Gericht und Gerechtigkeit

Der grüne Umschlag, der auf dem Garderobentisch neben dem Telefon lag, beunruhigte mich. Ich starrte ihn an und ahnte, er verhieß nichts Gutes. Nach einigem Zögern riss ich ihn auf.
Es war ein Brief vom Gericht, eine Einladung für den Prozess gegen Marco F. am 7. Mai 2002. Als Zeugen waren Nachbarn, die involvierten Carabinieri und mehrere Angestellte der Rettung geladen.

Meine Mutter und mein Freund Karl begleiteten mich ins Gericht. Ich trug schwarze Kleidung. Was sollte ich Passenderes tragen? Es war ein schwarzer Tag für mich.
Ich war aufgeregt, zappelig und sicher für alle unausstehlich. Ich war zum Zerreißen angespannt. Ich wusste, heute würde ich erneut auf meinen Peiniger treffen, endlich würde ich alles erzählen dürfen, was geschehen war.
„Sei nicht so aufgeregt, wir sind alle auf deiner Seite“, versuchten mich meine Nachbarn, die ebenfalls aussagen wollten, zu beruhigen, als wir auf dem Weg ins Gerichtsgebäude in Bozen waren.
Endlich würde es Gerechtigkeit geben, nahm ich an.
„Er wird nicht kommen, du wirst sehen, Martina, der traut sich nicht“, murmelte meine Mutter, als wir vor dem großen Gerichtssaal auf die Verhandlung warteten und ich nervös von einem Fuß auf den anderen wippte.
“Ich will davon nichts hören“, entgegnete ich heftig. Dies war der große Tag, an dem Gerechtigkeit gegen meinen Peiniger gesprochen werden sollte. Natürlich hatte Marco F. zu erscheinen, auch wenn ich überhaupt nicht erpicht darauf war, ihn wiederzusehen. Aber was sein musste, das musste sein.
Verblüfft entdeckte mein Freund Karl mehrere seiner Kollegen von der Rettung unter den Wartenden, die bereit waren, ihre Aussage vor Gericht zu machen. „All diese Leute sind wegen deinem Fall hier!?“ Ich glaube, dass er

erst in jenem Moment wirklich verstand, welche Tragweite das Geschehene hatte.

Der Tag war ein kompletter Reinfall. Es fand kein Prozess statt. Marco F. war nicht einmal erschienen. Dieser kranke Mann hatte mein ganzes Leben zerstört, ich litt schwer unter den Folgen und dieser Feigling fand es nicht einmal wert, vor Gericht zu erscheinen!

Man holte uns in den großen Gerichtssaal, ich zitterte am ganzen Körper. Ich hatte meine Mappe dabei, in der ich jedes Datum genau festgehalten hatte; jeder Brief, jeder Artikel war kopiert, beschriftet, abgeheftet. Alle Beweise hatte ich bei mir. „Nur nichts vergessen", hatte ich mir am Abend zuvor vor dem Einschlafen noch gedacht. Doch niemand fragte danach, niemand interessierte sich dafür. Ich kam mir völlig verlassen vor. Da stand ich nun und sah in die Runde der Anwesenden im großen Gerichtssaal. Marco F. war nicht dabei.
Der Richter hielt fest: Der Angeklagte war nicht erschienen, denn er hatte sein Recht in Anspruch genommen und für ein Sonderverfahren optiert, die so genannte Strafzumessung. Der korrekte Begriff dafür ist in der italienischen Rechtssprache „patteggiamento". Marco F. verzichtete darauf, seine Verteidigungsrechte wahrzunehmen und erhielt im Gegenzug eine um ein Drittel verminderte Strafe.
Es gab keinen ordentlichen Prozess, sondern dieses Sonderverfahren.
Mit *seiner* Anwältin wurde der Termin auf den 14. Mai 2002 fixiert. Uns legte der Richter nahe, zu diesem Sonderverfahren nicht zu erscheinen.
Ich war enttäuscht. Wir mussten nicht aussagen, nichts abgeben, nichts unterschreiben.
Ich dachte erst, ich hätte etwas falsch verstanden; alle sprachen in Italienisch. „Martina, wir sollen nach Hause gehen, heute findet kein Prozess statt!", sagte meine

Nachbarin. Wie bitte? Der große Saal verschwamm vor meinen Augen, alles drehte sich. Meine Mappe, wollte denn niemand meine Mappe sehen? Ich hatte doch extra alles aufgeschrieben! Ich hatte das Gefühl, niemand interessierte sich für mich und meine Gefühle!
Umsonst war all meine Aufregung und meine Hoffnung, dass Marco F. nun endlich seine verdiente Strafe erhalten würde. Meine Wut auf das Gericht und die so genannte Gerechtigkeit war grenzenlos. Ich war am Boden zerstört, völlig verwirrt.
Als ich das Gerichtsgebäude mit all meinen Zeugen verließ, war ich mir sicher, dass Marco F. irgendwo stand, um sich das Szenario anzusehen und es zu genießen. Wieder hatte *er* die Zügel in der Hand, *er* hatte gewonnen, zumindest heute.

Viel später erfuhren wir, dass Marco F. in diesem Sonderverfahren am 14. Mai 2002 zu einer geringen Geldstrafe verurteilt worden war. Er wurde folgender Punkte angeklagt:
a) der ständigen telefonischen Belästigung, der ich ausgesetzt war, die ihm aber nicht umfassend nachgewiesen werden konnte,
b) dass er sich gegenüber einer unserer Nachbarinnen als Polizeibeamter ausgegeben hatte,
c) dass er einen falschen Notruf abgesetzt hatte.

Für a) wurde er zu einer Strafe von 450 Euro verurteilt, die sofort auf 300 Euro reduziert wurde, weil er geständig war.
Die höchste Strafe erhielt er für b). Dafür gab es drei Monate Gefängnis auf Bewährung.
Für c) reichte ebenfalls eine Geldstrafe von 300 Euro aus.

Die schlimmste Straftat schien es zu sein, sich als Polizeibeamter auszugeben. Für das zehnmonatige Terrorregime, das auch in Zukunft mein ganzes restliches Leben

bestimmen würde, reichte gerade mal eine geringe Geldstrafe.
Aber der Tatbestand Stalking war 2002 in der italienischen Gesetzgebung rechtlich noch nicht definiert.

Es ist gut, dass ich das genaue Urteil erst Jahre später erfuhr. Ich wäre ausgeflippt vor Wut. Waren denn alle blind und sahen nicht, was Marco F. für Spielchen trieb? Wollte mich denn niemand schützen?
Rückblickend greife ich mir natürlich an den Kopf und frage mich fassungslos, warum wir uns nicht einen eigenen Anwalt genommen hatten. Ein Anwalt hätte uns vor Gericht angemessen vertreten können, hätte unsere Interessen verteidigt, hätte uns in vielerlei Hinsicht wertvolle Ratschläge geben können. Ich kann es nur so erklären, dass wir von den Ereignissen überrollt worden waren. Wir waren zu perplex und zu unbeholfen. Wir hatten weder agiert noch „korrekt" reagiert. All die Monate der Verfolgung und Sorge hatten uns abgestumpft, wir konnten gar nicht mehr klar denken. Jeder Frau oder jedem Mann in derselben Situation wie der meinen würde ich raten, sich Rechtsbeistand zu holen oder sich an die verschiedenen Anlaufstellen zu wenden. Aber damals kam ich nicht auf diesen Gedanken und niemand gab uns diesen Tipp.

Im Jahr 2000 gab es wie bereits erwähnt noch kein Anti-Stalking-Gesetz. Stalking war weder ein Delikt noch der breiten Öffentlichkeit bekannt. Es gab keine entsprechenden Anlaufstellen oder man konnte diese zumindest nicht in jedem Telefonbuch nachschlagen bzw. im Internet recherchieren.
Wir hatten uns immer wieder an die einzige Behörde gewandt, die wir für zuständig und mächtig genug hielten, uns zu helfen – die Polizei. Doch diese konnte natürlich auch nur innerhalb der ihr erlaubten gesetzlichen Grenzen agieren. Immer wieder sagten die Polizisten uns, dass

sie Marco F. nichts anhaben dürften und dass das Verfolgen einer anderen Person an sich nicht strafbar sei. Und da Marco F. listig genug sei, die gegebenen gesetzlichen Vorschriften nicht zu überschreiten, werde es eh nie zu einem Verfahren in Bezug auf Verfolgung kommen.
Das Gerichtsurteil gab den Polizeibeamten Recht. Für die ständige Verfolgung wurde er nicht verurteilt, sondern – abgesehen von der telefonischen Belästigung – für Tatbestände, die er gegen Behörden wie die Polizei oder die Rettungsorganisation verübt hatte.

Natürlich frage ich mich heute noch immer, warum wir trotz all der Sorge um meine Großeltern nicht einfach öfter den Telefonkabel aus der Steckdose gezogen haben, um zumindest mal einen Abend vor dem Dauerklingeln des Telefons Ruhe zu haben.
Meine Erklärung dafür ist, dass wir aus einem ganz normalen Leben, wo sich alles um Familie, Haus, Arbeit und Freunde drehte, brutal herausgerissen wurden und plötzlich mit Polizei, falschen Notrufen, Titelgeschichten in den Zeitungen und ständiger Angst konfrontiert waren. Wir waren viel zu unerfahren und zu gelähmt, um irgendwelche Schritte zu unternehmen und um dem Spuk ein schnelles und nachhaltiges Ende zu bereiten. Wir fühlten uns überrannt und waren komplett überfordert und ahnten anfänglich natürlich nicht, dass die Geschichte solche Ausmaße annehmen würde.

Anhang: Das „Anti-Stalking-Gesetz"

Seit 2009 kann effizienter gegen Täter wie Marco F. vorgegangen werden. Diese Tatsache ist einer Änderung im italienischen Strafgesetzbuch zu verdanken. Nachdem jahrelang in Sachen Stalking, trotz unzähliger Vorfälle in ganz Italien, vom Gesetzgeber nichts unternommen wurde, trat am 23. Februar 2009 das Anti-Stalking-Gesetzesdekret – sogar per Eilverordnung – in Kraft. Damit wurde die beharrliche Verfolgung und Belästigung von Personen erstmals als Straftatbestand in das italienische Strafgesetzbuch aufgenommen und mit einer Gefängnisstrafe von sechs Monaten bis zu vier Jahren bestraft.

Der entsprechende Artikel lautet (Art. 612-bis):

Wenn es sich nicht um eine schwerere Straftat handelt, wird mit einer Gefängnisstrafe von sechs Monaten bis zu vier Jahren bestraft, wer in wiederholter Weise jemanden bedroht oder belästigt, um so einen andauernden und schweren Angstzustand zu bewirken oder um so eine begründete Befürchtung für die eigene Unversehrtheit oder für die Unversehrtheit eines Familienangehörigen oder einer Person auszulösen, zu der eine Liebesbeziehung besteht, oder um die betroffene Person zu zwingen, ihre Lebensgewohnheiten zu ändern.

Diese langatmige Beschreibung des Straftatbestandes betrifft Bedrohungen und Belästigungen, die Personen bisher oft über lange Zeit erleiden mussten, ohne dass es für die Opfer wirksame Schutzmöglichkeiten gab.

Für Martina T. gab es diese Möglichkeit der Verteidigung noch nicht. Die Hilflosigkeit, mit der die Polizeibeamten damals die verschiedenen Anzeigen von Martina T., ihrer Mutter und ihren Bekannten aufnahmen, war beschämend.

Dass endlich ein Gesetz gegen das Stalking in Kraft trat, dazu haben wohl auch die modernen Medien wie Mobiltelefon und Internet beigetragen. Diese neuen Medien geben den Stalkern zusätzliche Möglichkeiten, ihre Opfer zu verfolgen und ein dicht gestricktes Netz zu weben, aus dem es kaum mehr ein Entkommen gibt.
Gleichzeitig ist über diese neuen technischen Mittel aber auch ein einfacheres Sammeln von Beweismitteln für Betroffene möglich. Bei einer jungen Südtirolerin gingen im Jahr 2009 pausenlos SMS-Botschaften auf dem Mobiltelefon ein, insgesamt 6.000, die Liebesschwüre, aber auch Drohungen enthielten. Die Frau wollte von dem Liebeswerber nichts wissen und erstattete schließlich erfolgreich Anzeige gegen ihn.

Mit dem neuen Gesetz kann das Opfer geschützt werden, indem der Richter vorbeugende Schutzmaßnahmen gegen beharrliche Verfolger anordnet. Zudem kann den Tätern verboten werden, sich den Orten zu nähern, wo sich das Opfer gewöhnlich aufhält, ohne, dass das Opfer gezwungen ist auf die Forderungen des Täters einzugehen.
Trotz des neuen Gesetzes wird es aber auch künftig weitere neue Opfer geben.

Tragische Fälle gab es in Südtirol bereits einige. 1995 wurde die Boznerin N. P. von ihrem Ex-Freund im Zentrum von Bozen erschossen, nachdem dieser sie jahrelang terrorisiert hatte, und die Polizei nicht eingegriffen hatte beziehungsweise nicht eingreifen konnte. Auch mehr als 50 Anzeigen gegen ihren Ex-Freund konnten die damals 37-Jährige nicht retten.
Über einen weiteren aufsehenerregenden Fall berichtete eine Südtiroler Zeitschrift im April 2009. Eine 46-jährige Hotelbesitzerin aus dem Vinschgau wurde seit mehreren Jahren von einem 64-jährigen gestalkt. Dieser hatte die Frau mit Briefen, Telefonanrufen und Annäherungsversuchen unverhohlen und immer wieder bedroht. Sogar vor

Morddrohungen, Brandstiftung und weiteren Sabotageakten schreckte der Mann nicht zurück. Während für N. P. das neue Antistalking-Gesetz viel zu spät kam, erlaubte es der Polizei im zweiten Fall die schnelle Festnahme des Mannes, bevor Schlimmeres geschehen konnte.

Welche Auswirkungen wird nun das neue Strafgesetz haben?
Gleich nach Einführung des Gesetzes gab es italienweit die ersten Verhaftungen. In Südtirol wurden mehrere Verwarnungen ausgesprochen.
Im Mai 2009 wurde der erste Südtiroler, ein 54-Jähriger aus Eppan, aufgrund des neuen Stalking-Gesetzes in Vorbeugehaft genommen. Denn was kurz zuvor noch eine Bagatelle war, war seit April 2009 ein Straftatbestand. Wöchentlich hört man nun von neuen Stalking-Fällen.
Vor Inkrafttreten des neuen Gesetzes war es meist so, dass die Sicherheitsbehörden erst gar nicht ausrückten, wenn eine Frau anrief und sich beschwerte, dass ein Mann unter ihrem Fenster stehe oder ihr nachstelle. Die Erklärung war: „Es tut uns leid, solange nichts passiert, sind uns die Hände gebunden."
Martina T. musste die bittere Erfahrung selbst machen. Mit diesem neuen Gesetz sind die Folgen weitreichend: Der 54-jährige Stalker, der seine Ex-Frau verfolgte und in seinem Auto, das er vor ihrem Haus abgestellt hatte, schlief, verbrachte drei Wochen im Bozner Gefängnis, hatte über 4.000 Euro an Anwaltskosten zu tragen und musste aufgrund seiner Arrest-Situation um seinen Arbeitsplatz bangen.

Neun Monate nach Einführung des Gesetzes konnte der Bozner Staatsanwalt Guido Rispoli von Erhebungen in 77 angezeigten Fällen von Stalking sprechen, wobei es in zehn Fällen zu einem Hauptverfahren kam. Etwa die Hälfte der Fälle wurde zu den Akten gelegt, in einigen Fällen einigten sich Opfer und Täter außergerichtlich.

Bei den Erkundigungen und Recherchen für dieses Buch rund um die aktuellen Lebensumstände von Marco F. wurde von allen Stellen peinlich darauf geachtet, nichts preiszugeben. Es helfe niemanden mehr, in dieser Geschichte „herumzuwühlen“. Stalking sei um das Jahr 2000 kein Delikt gewesen, daher könne Marco F. nicht belangt werden.
Zu wünschen ist, dass das neue Anti-Stalking-Gesetz in den berechtigten Fällen mit aller Strenge angewandt wird, damit auch dem Letzten klar wird, dass Stalking kein Kavaliersdelikt ist.

Martina T. heute

Ich grüble immer noch, was ich hätte anders machen können. Aber damals war ich wie gelähmt, alle um mich herum waren wie gelähmt.
Was mir bleibt ist die Erkenntnis, dass ich mein Leben in der eigenen Hand habe und es jederzeit ändern kann. Es liegt an mir.
Ich lebe! Ich habe gelernt, das Geschehene und meine Krankheit in mein Leben zu integrieren. Ich kann mich frei bewegen, auch wenn ein ums andere Mal das Grauen in mir hochsteigt und alles wieder da ist, so als wäre es erst gestern geschehen. Manchmal schrecke ich nachts hoch, weil mich Albträume plagen. Aber mein Leben hat sich weitergedreht, manches ist sogar wieder „beim – ganz normalen – Alten".
Mit meinem Freund Lorenz bin ich seit einigen Jahren wieder glücklich. Heute planen wir unsere gemeinsame Zukunft. Wir leben immer noch mit dem Gedanken, auf uns aufpassen und uns (be)schützen zu müssen.
Der Schock sitzt immer noch tief. Auch noch Jahre danach denke ich, er könnte auftauchen und alles wieder zerstören. Der seelische Schmerz kommt immer wieder, wenn mein Körper schwächelt, wenn meine Krankheit sich bemerkbar macht. Wenn ich mich schwach fühle oder wenn ich das Krankenhaus betrete und zu meiner Visite gehe, wenn ich die Schmerzen der Magen- und Darmspiegelungen aushalten muss – dann ist der größte Schmerz der Gedanke an Marco F. Denn ohne ihn wäre mir vieles erspart geblieben. Auch die Zeit wird nicht all meine Wunden heilen. Aber ich habe gelernt, damit zu leben. Heute bin ich stark und alt genug, um mich zur Wehr zu setzen, wenn es nötig ist.

Ich bin vorsichtiger und sensibler geworden. Ich brauche Tage, an denen ich einfach nichts tun muss, an denen ich die Seele baumeln lassen kann. Ich brauche sehr oft Ruhe.

Ich wollte mich früher immer an Marco F. rächen. Aber was bringt es mir, wenn ich mich auf seine Ebene stelle und Gleiches mit Gleichem vergelte? Ich habe sehr viel an mir gearbeitet und werde auch weiterhin an mir arbeiten, denn meine Zukunft gestalte ich mir selbst. Sie liegt vor mir und ich habe Ziele. Noch nie war die Zukunft für mich so wertvoll wie heute.

Heute gibt es ein Gesetz, das die Opfer schützt. Darüber bin ich sehr froh und erleichtert. Ich wünsche mir, dass Marco F. nie wieder zum Zuge kommt und jeder andere Verfolger gleich erkannt und gestoppt werden kann.
Auch deshalb und vor allem deshalb habe ich dieses Buch über meine Erlebnisse veröffentlicht. Dass Menschen, die Opfer eines Stalkers werden, das sich dahinter verbergende Muster früh genug erkennen können. Dass sie den Mut haben, sich zu wehren, und die richtigen Menschen und Behörden finden, die ihnen Gehör und Glauben schenken. Ich wünsche jeder und jedem Betroffenen die richtige Begleitung zum richtigen Zeitpunkt.

Ich weiß: Viele Stalkingopfer überleben nicht. Für manchen mag meine Geschichte nicht schlimm klingen, selbst mir kam zeitweise alles harmlos vor. Aber die weiten Kreise, die das Geschehene zog, die Angst, die Ungewissheit und die Zweifel waren für mich unerträglich. Marco F. hat mir meine Lebenskraft geraubt, mich innerlich abgetötet.
Meine Eltern schauen keine Krimis mehr im Fernsehen. Ich hingegen bekomme nicht mehr genug von Kriminalfällen, Erfahrungsberichten und wahren Geschichten. Ich bin interessiert an Fällen, die gelöst wurden. Ich sehe mir die Mittel und Wege an, die angewandt werden, wie anderen geholfen wird, und stelle mir vor, wie man mir vielleicht hätte helfen können.

Was mir passiert ist, wünsche ich keinem anderen Menschen, denn so vieles zerbricht in kürzester Zeit unauf-

haltsam. Es gehen Freundschaften kaputt, das Gefühl der Sicherheit und des Vertrauens wird zerstört. Man verliert das Selbstwertgefühl und im schlimmsten Fall seine Gesundheit. Selbstzweifel quälen einen Tag und Nacht und man glaubt nicht mehr an sich selbst und an andere.
Irgendwann beginnt man ernsthaft die Schuld bei sich zu suchen.

Es ist auch heute nicht immer einfach, aber die beschwerlichen, bedrückenden Zeiten, in denen ich nur noch eine leere funktionierende Hülle war, sind vorbei. Ich habe gelernt, mit Krisen umzugehen, denn ich war schon ganz unten.
Ich bin heute 30 Jahre alt. Für mich stehen in naher Zukunft große Entscheidungen und Veränderungen an, auf die ich mich sehr freue. Gleichzeitig hoffe ich, dass sich meine Beschwerden nicht verschlimmern. Morbus-Crohn-Patienten sind „Bauchdenker“ und genau das gilt es nach Möglichkeit zu vermeiden. Nichts darf mich über längere Zeit bedrücken. Welche Entscheidung ich auch treffe, alles, was ich mache, muss ich in Bezug auf meine Krankheit abwägen. Egal, ob es um die richtige Ernährung geht, ob ich mal über die Stränge schlagen will oder vielleicht auch hinsichtlich eines zukünftigen Kinderwunsches: Immer muss ich die Risiken vor Augen haben, bei kleinen wie bei großen Lebensfragen. Ich habe versucht, mich dadurch nicht ständig eingeengt und beeinflusst zu fühlen, aber im Grunde genommen bin ich es doch.
Mein Partner und meine Familie erleben meine Stimmungsschwankungen hautnah mit. Allzu oft lasse ich sie meinen Frust spüren und motze sie grundlos an. Mein Alltag ist auch dadurch beeinträchtigt, dass ich nichts Neues riskieren will beziehungsweise kann. Ich brauche einen sicheren Anker, meine gewohnte Umgebung, den gewohnten Ablauf der Dinge. Vielleicht ist das der Grund, warum ich schon seit so vielen Jahren im selben Betrieb arbeite. Ich brauche meine Gewohnheiten und

meine Ruhezeiten, auf diese Art lasse ich die Tage verstreichen. Und dann wieder habe ich Tage der inneren Unruhe, an denen ich das Gefühl habe, mein Leben und meine Zeit laufen mir davon. Dann denke ich an die Wochen, an denen ich nichts tun konnte, außer zu Hause zu liegen und krank zu sein, und an denen ich so gerne am Leben teilgenommen hätte. An solchen Tagen möchte ich überall gleichzeitig sein und merke, dass das gar nicht möglich ist.

Viele Leute sagen, man sieht mir nicht an, dass ich krank bin. Vielleicht ist deshalb für manche alles so schwer zu verstehen. Würde ich mich gehen lassen, wäre ich heute nicht hier – ich kämpfe! Ich bin Sternzeichen Skorpion und was ich mache, mache ich mit Leidenschaft und aus Überzeugung. Ich lasse mich nicht mehr unterkriegen. Und doch bin ich selten von einer Sache ganz überzeugt, ohne sie vorher x-mal durchdacht zu haben. Spontan passiert bei mir nur selten etwas. Ich habe viele Jahre gebraucht, um mein Leben und meinen Alltag wieder neu zu ordnen und mit den kleinen und großen Prüfungen zurechtzukommen. Ich musste sozusagen erst wieder alltagstauglich werden.

Ich habe wieder begonnen, Freundschaften zu knüpfen und Nähe zuzulassen, ohne alles und jeden zu hinterfragen. Ich lerne wieder neue Leute kennen und merke, dass mir nicht jeder Mensch Böses will. Meine Mobiltelefonnummer und meine E-Mail-Adresse haben nur wenige Menschen, mit denen ich meine Gegenwart verbringe und mit denen ich mir eine Zukunft vorstellen kann. Während andere seit Jahren bei Facebook oder anderen Online-Netzwerken angemeldet sind und mit Freunden, Bekannten und Unbekannten kommunizieren, bin ich immer noch skeptisch und vorsichtig. Mich wird man auf diesen Plattformen nicht finden. Ich habe panische Angst, persönliche Daten preiszugeben. Ich will nicht, dass mein

Name, Geburtsdatum oder Fotos für jeden zugänglich sind. Viel zu schlimm sind meine Erfahrungen. Die wahren Gründe für meine Vorsicht erzähle ich aber nur selten. Ich bilde mir immer ein, keiner will es hören, und ich habe Angst vor den Kommentaren. Manche Menschen wissen nicht, wie sie mit so einer Geschichte umgehen sollen, und auch das muss ich akzeptieren.

Viele von denen, die Bescheid wissen, raten mir zu einer erneuten Psychotherapie. Ich glaube, dass damals mein Tagebuch und heute dieses Buch meine Therapeuten waren und sind.

In der Hoffnung auf eine gute Zukunft und im Glauben daran, dass ich durch das Erlebte in gewisser Weise auch gestärkt weitermachen kann, schreibe ich die letzten Zeilen meines Buches und schließe somit das Kapitel Marco F.

Lebe jeden Tag, als wäre es dein letzter.

Martina T.

Von der Seele geschrieben

Martina T.

Ich spüre, dass ich lebe,
doch ich fühle, dass ich sterbe.
Ich glaube, dass ich träume,
doch ich merke, dass ich wach bin.
Ich denke, dass ich es schaffe,
doch ich weiß, dass ich es nicht kann.
Ich taste nach der Zukunft,
doch ich greife zur Vergangenheit.
Ich hoffe, dass ich glücklich werde,
doch ich bemerke, dass ich leide.
Ich versuche das Beste daraus zu machen
und ich merke, es gelingt mir –
auch wenn du immer da sein wirst.

Du kannst mich sehen –
und ich tappe im Dunkeln.
Du bist der Unbekannte –
und ich kenne mich nicht aus.
Du erkennst mich –
und ich mich nicht wieder.
Du stehst vor mir –
und ich neben mir.
Du denkst an mich –
und ich vergesse mich.
Du erschreckst mich –
und ich bin verschreckt.
Du machst mir Angst –
und ich bin verängstigt.
Du planst Überfälle –
und ich bin überfallen.
Du planst mich ein –
und ich bin planlos.
Du bist gefasst –
und ich die Gefasste.
Du bist immer auf der Hut –
und ich bin unbehütet.
Du bist unberechenbar –
und ich kann nicht mit dir abrechnen.
Du bist unergründlich –
und ich gehe zugrunde.
Du bist die Verzweiflung –
und ich verzweifle an dir.

Du bist hier und trotzdem bist du nicht da.
Du bist vor mir,
neben mir und trotzdem sieht dich keiner.
Du bist hinter mir her und trotzdem
hütest du dich.
Du bist unter uns und trotzdem kann
dir keiner etwas anhaben.
Du bist gefährlich und trotzdem schützt
mich niemand.
Du bist einsam und sitzt trotzdem am
längeren Hebel.
Du zeigst keine Gefühlsregung und
trotzdem hasst du.
Warum hast du mich ausgesucht?
Für was muss ich bezahlen?

Du bist wie mein Schatten, du verfolgst mich.
Dunkel huschst du neben mir, vor mir,
hinter mir.
Manchmal kann ich dich vor lauter
Dunkelheit nicht sehen.
Wenn ich mich umdrehe, bist du schon fort,
aber ich spüre, dass du da bist.
Du gehörst nicht zu mir,
du düstere arme Kreatur,
du dunkle Gestalt.

Verschwinde! Du hast hier nichts verloren.
Nicht vor mir, nicht neben mir,
nicht hinter mir.
Du verdeckst mir meine Sicht,
verbaust mir meinen Weg zum Licht.
Mit deinen trüben Gedanken zerstörst du
mich Stück für Stück.
Dein Schatten legt sich über mein Leben,
meine Freunde, meine Familie.
Du nimmst uns die Zuversicht und das
Vertrauen.

Verstecke dich nicht, du machst mir Angst.
Du wirst nie mein wahrer Schatten sein,
Auch wenn du mich auf Schritt und Tritt
verfolgst.
Ich werde dich nicht zu dicht an mich heran-
lassen.

Ich stoße dich ab, du widerlicher Gedanke,
du kranker Mann.
Nichts wird uns verbinden,
außer die schlechte Erinnerung an dich.
Du Geist bei Tag und Nacht, du Verfolgter
deiner eignen Wahnvorstellungen,
du Opfer deiner selbst.
Du bist wie mein Schatten ... vor mir,
neben mir, hinter mir.

Donatella Marchesini, Staatsanwältin

Im Jahr 2002 wurde bei der Staatsanwaltschaft Bozen die Arbeitsgruppe „Schwache Gesellschaftsgruppen“ gebildet. Die Arbeitsgruppe besteht aus drei Staatsanwälten, die sich vorwiegend mit Gewalttätigkeiten innerhalb der Familie, Sexualdelikten und den so genannten „leicht verletzbaren Opfern“ beschäftigen. Die Arbeitsgruppe wurde vor allem deshalb gebildet, da eine Spezialisierung gerade in diesem sehr delikaten Bereich immer notwendiger wurde und neben der ermittelnden Tätigkeit auch der psychologische Aspekt und der Beistand für die Opfer große Bedeutung erlangten.

Geschichten wie die von Martina landen fast täglich auf meinem Schreibtisch. Das Stalking – ein englischer Begriff aus der Jägersprache (bedeutet so viel wie „anpirschen“ oder „anschleichen“) – bezeichnet eine fortgesetzte, mitunter auch tägliche Verfolgung eines Opfers. Anfangs kaum wahrnehmbar, nehmen die verfolgenden Handlungen ständig zu und können mitunter auch in physische Gewalt münden.
Eine Person zu verfolgen, am Arbeitsort, zu Hause oder an von ihr häufig frequentierten Orten abzufangen und ihr aufzulauern, sie unablässig anzurufen, das ständige Klingeln an der Türglocke, das Schreiben von freundlichen Briefen bzw. Drohbriefen, das Überreichen von unerwünschten Geschenken: Das sind alles Handlungen, die – neben anderen Vorgehensweisen – allgemein unter den Begriff „Stalking“ fallen.

Das Stalking hat verheerende Auswirkungen auf das Opfer, sowohl in psychischer als auch in physischer Hinsicht. So war es auch bei Martina. Das Opfer fühlt sich dauernd beobachtet und verfolgt. Es fühlt sich nirgendwo mehr sicher, nicht einmal mehr zu Hause. Es beginnt, seine Gewohnheiten zu ändern, es verlässt nur mehr in Begleitung das Haus und nur dann, wenn es unbedingt nötig ist. Auch das gesellschaftliche Leben und die Beziehungen zu Freunden und Familie verändern sich. Die Angst wächst, nicht nur um die eigene Unversehrtheit, sondern auch um die der Familie und von Freunden. Auch während eventueller „Pausen“ ängstigt sich das Opfer weiter und wartet nur auf den nächsten Schritt des Stalkers bzw. versucht diesen im Voraus zu erahnen und ihm vorzubeugen.

Erst im Jahr 2009 wurde in Italien das Stalking zum Straftatbestand erhoben (Art. 612-bis Strafgesetzbuch), und zwar mit einem eigenen Anti-Stalking-Gesetz (Gesetz Nr. 38 vom 23. April 2009), das eine ganze Reihe von Maßnahmen zum Schutz des Opfers vorsieht.
In der Vergangenheit wurde gegen die Verursacher von Handlungen, denen auch Martina ausgesetzt war, angesichts fehlender gesetzlicher Bestimmungen folgendermaßen vorgegangen: Man weitete die Anwendung und Interpretation von anderen Gesetzesartikeln des Strafgesetzbuches insoweit aus, dass die einzelnen Fälle entweder mit dem Straftatbestand der Drohung (Art. 612 des Strafgesetzbuches), der Belästigung (Art. 660 des Strafgesetzbuches), der privaten Gewalt (Art. 610 des Strafgesetzbuches), des Hausfriedensbruchs (Art. 614 des Strafgesetzbuches), der Beleidigung (Art. 594 des Strafgesetzbuches) oder der Verleumdung (Art. 595 des Strafgesetzbuches) geahndet wurden. Das Problem dabei war, dass für diese Tatbestände keine Vorbeugemaßnahmen vorgesehen waren, die die kriminellen Aktivitäten eventuell hätten stoppen können.

Damit die neue Regelung zum Schutz der betroffenen Person angewandt werden kann, ist es erforderlich, dass das Opfer selbst aktiv wird! Sobald die betroffene Person erkennt, dass sie Ziel eines Verfolgers ist, stehen ihr zwei Möglichkeiten offen:
1. Sie kann sich an die Polizei (Quästur) wenden und beantragen, dass der Verfolger „verwarnt“ wird, damit dieser von seinem Verhalten gegenüber dem Opfer ablässt. Bei dieser Warnung handelt es sich um ein Verwaltungsverfahren. Falls der Verfolger sich trotz der Warnung nicht einschüchtern lässt und mit seinen Handlungen gegen das Opfer fortfährt, übergibt der Quästor den Akt an die Staatsanwaltschaft bei Gericht, die ein Strafverfahren einleitet.

2. Die zweite Möglichkeit besteht darin, sich an die Polizei, Beamte der Carabinieri oder direkt an die Staatsanwaltschaft zu wenden und eine Anzeige zu erstatten, in der ausdrücklich die Bestrafung des Täters verlangt wird.
Das Opfer hat sechs Monate Zeit, Anzeige zu erstatten, und es ist jederzeit möglich, sie wieder zurückzuziehen, sollte der Verfolger seine Handlungen tatsächlich aufgeben.

Innerhalb der kürzestmöglichen Zeit wird die Staatsanwaltschaft (die Staatsanwälte der Arbeitsgruppe „Schwache Gesellschaftsgruppen") die Ermittlungen einleiten, um Beweise zu sammeln bzw. die Aussagen des Opfers zu überprüfen. Falls der Tatbestand feststeht und eine Gefahr für das Opfer besteht, wird der Staatsanwalt beim Richter Schutzmaßnahmen während der Voruntersuchung beantragen. Die Schutzmaßnahmen werden auf die drohende Gefahr und die Schwere der Vorfälle abgestimmt: Sie können darin bestehen, dass sich der Täter dem Opfer und seiner Familie nicht mehr nähern darf, egal, wo sie sich gerade befinden. Möglich ist auch das Verbot für den Stalker, in einer bestimmten Gemeinde zu wohnen, bzw. die Pflicht, in einer bestimmten Gemeinde zu wohnen. Ebenso können Hausarrest oder in schwereren Fällen Untersuchungshaft im Gefängnis angeordnet werden.
Möglich ist auch die Festnahme auf frischer Tat.
Seit Inkrafttreten des Gesetzes vom 31. Dezember 2010 wurden bei der Staatsanwaltschaft in Bozen gut 421 Akte für Tatbestände laut Art. 612-bis des Strafgesetzbuches angelegt. In 24 Fällen wurde Untersuchungshaft im Gefängnis angeordnet. Zweifellos gab es in den ersten Monaten nach dem Inkrafttreten des Gesetzes einen Boom an Fällen. Doch insgesamt gesehen sagen unsere Daten klar aus, dass dieses Gesetz – wenn auch sicherlich noch verbesserungswürdig – tatsächlich erforderlich war.

Dieses neue Reglement bedeutet sicherlich einen großen Schritt nach vorne. Weitere Schritte könnten noch folgen, aber es ist auch erforderlich, dass – wie bereits vorher angedeutet – auch das Opfer nicht untätig bleibt.

Aufgrund meiner Erfahrung in diesem Bereich – ich bin seit 20 Jahren in der Richterschaft tätig, zehn Jahre davon als Staatsanwältin – habe ich das Bedürfnis, den betroffenen Personen einige Ratschläge zu geben:

- Bitte führen Sie ein Tagebuch, in dem Sie alle Vorfälle, Daten, Orte und Personen, die etwas gesehen oder gehört haben bzw. denen Sie sich anvertraut haben, festhalten. Dies ist nicht nur für die Ermittlungen wichtig, sondern auch unter dem psychologischen Aspekt für Sie selbst.
- Wechseln Sie die Telefonnummer und geben Sie diese nur an Vertrauenspersonen weiter.
- Vermeiden Sie jeden Kontakt mit dem Stalker. Antworten Sie ihm niemals und gehen Sie niemals auf seine Forderungen ein. Versuchen Sie auch nicht, ihn zum Nachdenken anzuregen oder seine Motive nachzuvollziehen. Schreien Sie Ihn nicht an und beleidigen Sie ihn nicht, auch wenn es schwerfällt. Jede positive oder negative Reaktion Ihrerseits interpretiert der Stalker auf verdrehte Art und Weise als eine Form der Aufmerksamkeit. Er wird dadurch in seinem Verhalten noch bestärkt. Ich wiederhole: Auch auf die Gefahr hin, kühl oder unsensibel zu wirken, ist es nötig, dass Sie jeglichen Kontakt vermeiden.
- Suchen Sie Hilfe in der Familie, bei Freunden, bei den Ordnungskräften, bei spezialisierten Zentren, von denen es glücklicherweise genügend in unserem Land gibt, bei Psychologen, bei Anwälten ... Dadurch werden Sie sich weniger allein und isoliert fühlen und vor allem wird dies Ihnen helfen, sich der Situation auf richtige Art und Weise zu stellen und nützliche Informationen für den eigenen Schutz – auch in gesetzlicher Hinsicht – zu erhalten.

Dr. Donatella Marchesini, Koordinatorin der Arbeitsgruppe „Schwache Gesellschaftsgruppen“ bei der Staatsanwaltschaft Bozen

Oktober 2011

Morbus Crohn, die Crohn'sche Krankheit

Morbus Crohn (Morbus = lat. für Krankheit; der amerikanische Arzt Burrill B. Crohn beschrieb als Erster diese Krankheit) ist eine chronische Entzündung aller Schichten der Darmwand. Betroffen sind Dünndarm und Dickdarm oder auch andere Bereiche des gesamten Magen-Darm-Trakts. Sobald die erkrankten Regionen abheilen, hinterlässt die Entzündung Narben, die den Darm verengen und starke Schmerzen verursachen können.

Die Ursachen von Morbus Crohn sind nicht ausreichend bekannt: Neben Erbfaktoren spielt vermutlich auch psychosozialer Stress eine wichtige Rolle. Meistens tritt Morbus Crohn im Alter zwischen 15 und 34 Jahren erstmals in Erscheinung. Frauen und Männer sind gleichermaßen betroffen.

Typische Krankheitszeichen sind starke Bauchschmerzen, anhaltende Durchfälle, Gelenksschmerzen, Hautausschläge, Appetitlosigkeit, ein allgemeines Krankheitsgefühl und Fieber. Oft begleiten krampfartige Schmerzen die Durchfälle.

Morbus Crohn ist nicht heilbar. Es lassen sich lediglich die Beschwerden lindern. Die Krankheit verläuft schubweise: Krankheitsschübe wechseln sich mit beschwerdefreien Zeiten, die auch mehrere Jahre dauern können, ab.
Mit Medikamenten kann häufig ein Rückfall verhindert werden. Trotzdem ist in rund 70 % der Fälle innerhalb der ersten fünfzehn Krankheitsjahre ein chirurgischer Eingriff nötig. Dabei werden verengte Stelle im Darm mit einem Ballon ausgedehnt bzw. stark befallene Darmabschnitte entfernt.

Wichtig ist die ständige Beobachtung des Kranken, um eventuelle Entzündungen und Veränderungen des Darms frühzeitig zu erkennen, da auch ein erhöhtes Darmkrebsrisiko besteht.

Stress kann bei Morbus-Crohn-Patienten zu erneuten Entzündungen führen. Während eines akuten Morbus-Crohn-Schubs ist körperliche Ruhe wichtig. Zwischen den Schüben kann man der gewohnten Arbeit nachgehen. Beim Essen gibt es zwar keine allgemeinen Einschränkungen, aber häufig werden bestimmte Nahrungsmittel wie Milchprodukte oder Obst nicht vertragen.

Wenn Morbus Crohn richtig therapiert wird, haben die meisten Patienten eine normale Lebenserwartung. Trotzdem bestimmt die Krankheit meist das gesamte Leben eines Patienten. Möglicherweise kann eine Psychotherapie, die einen besseren Umgang mit der Krankheit zum Ziel hat, das Wohlbefinden steigern und manchmal auch die Beschwerden verringern.

Danke!

Ich möchte mich bedanken, bei allen, die mir damals, in dieser schwierigen Zeit, zur Seite gestanden haben, und bei denen, die mir bis heute treu geblieben sind.
Ein großes Dankeschön meiner Familie, für die tröstenden Worte und die bedingungslose Liebe, Unterstützung und Begleitung auf meinem Weg.
Danke L., dass du mich liebst und nimmst, so wie ich bin, mit all meinen Höhen und Tiefen, und dass du damals wie heute da bist, wenn ich dich brauche.
Danke all meinen Freunden und Bekannten, die bewusst und unbewusst meinem Alltag ein bisschen Leichtigkeit und Sicherheit geben.
Einen Dank auch an den Kommissar der Quästur, allen die mich damals beschützt haben, danke den Carabinieri und allen anderen Beteiligten.
Ein großer Dank gilt meiner Ärztin im Krankenhaus Brixen für die liebe und menschliche Betreuung in all den Jahren, für die aufmunternden Worte und die vielen Tipps.
Zu guter Letzt danke ich meiner Autorin Uli, die in den letzten Jahren eine besondere Freundin für mich geworden ist. Danke für all die Stunden, in denen du mir zugehört und somit die Last von meinen Schultern genommen hast. Ich danke dir und meiner Lektorin Astrid Fleischmann für die Aufmerksamkeit, die ihr mir geschenkt habt, und den Respekt, den ihr mir von Anfang an entgegengebracht habt. Ohne euch hätte ich nicht den Mut gefunden, dieses Buch zu verwirklichen. Für eure Unterstützung ein großes Dankeschön.

Danke allen, die zur Realisierung dieses Buches beigetragen haben.

Eure Martina T.

Anlaufstellen in Südtirol

Bozen

GEA - Kontaktstelle gegen Gewalt/ Frauenhaus
Neubruchweg 21
Tel. 0471 513399
Grüne Nummer: 800 276433 (24h)
frau.gea@virgilio.it
www.casadelledonnebz.it

Haus der geschützten Wohnungen des KFS
Tel. 0471 970350
Grüne Nummer: 800 892828 (24h)
info@hdgw.it
www.hdgw.it

Verein Frauen helfen Frauen
Dr.-Streiter-Gasse 1/B
Tel. 0471 973399
frauen.helfen.frauen@dnet.it
www.frauenhelfenfrauen.it
Autonome Provinz Bozen-Südtirol
Abteilung Familie und Sozialwesen
Kanonikus-Michael-Gamper-Straße 1
Tel. 0471 400944
www.provinz.bz.it/sozialwesen

Autonome Provinz Bozen-Südtirol
Landesbeirat für Chancengleichheit für Frauen
Frauenbüro
Dantestraße 11
Tel. 0471 416950
frauenbuero@provinz.bz.it
www.provinz.bz.it/arbeit/frauenbuero

Carabinieri Provinzialkommando Bozen
Dantestraße 30
Notrufnummer: 112

Quästur Polizeidirektion Bozen
Palatuccistraße 1
Notrufnummer: 113

Young+Direct
Tel. 8400 36 366
online@young-direct.it

Selbsthilfegruppe für Menschen
mit Colitis Ulcerosa - Morbus Crohn
Bozen/Kardaun
Verein/Associazione Freunde/Amici
c/o Dachverband der Sozialverbände
Dr. Streiter Gasse 4
39100 Bozen
www.freundeamici.com
info@freundeamici.com

Meran

Frauenhaus – Beratungsstelle
Verein Frauen gegen Gewalt ONLUS
Freiheitsstraße 184/A
Tel. 0473 222335
Grüne Nummer: 800 014008
perledonne@rolmail.net

Familienberatungsstelle Lilith
Marlingerstraße 29
Tel. 0473 212545
lilith@dnet.it

Brixen

Frauenhaus – Beratungsstelle
Bezirksgemeinschaft Eisacktal
Kapuzinergasse 2
Tel. 0472 270450
Grüne Nummer: 800 601330 (24h)
frauenhaus.brixen@bzgeis.org

Bruneck

Verein Frauen helfen Frauen – Beratungsstelle gegen Gewalt
Paul-von-Sternbach-Straße 6
Tel. 0474 410303
frauenhelfenfrauen.bruneck@rolmail.net

Frauenhausdienst
Geschützte Wohnungen
Grüne Nummer: 800 310303
frauenhausdienst.bruneck@rolmail.net